CON MI TRAGO NO TE METAS

Manual Venezolano
Cualquier parecido a Latinoamérica es pura coincidencia

Venezuela
Un Ejemplo de Ignorancia para el Mundo

RAFAEL FALCÓN

Ibukku es una editorial de autopublicación. El contenido de esta obra es responsabilidad del autor y no refleja necesariamente las opiniones de la casa editora.

Publicado por Ibukku
www.ibukku.com
Diseño y maquetación: Índigo Estudio Gráfico
Copyright © 2017 RAFAEL FALCÓN
ISBN Paperback: 978-1-946035-58-5
ISBN eBook: 978-1-946035-59-2
Library of Congress Control Number: 2017935295

ÍNDICE

ARTÍCULOS DE PRENSA

INTRODUCCIÓN

Quien no conoce la historia está condenado a repetirla. Por eso quiero antes de mi muerte relatar el motivo por el cual una sociedad agradable se convirtió en miserable. Deseo que mis nietos, bisnietos y demás generaciones que tengan acceso a este texto conozcan nuestra historia y no repitan los errores de sus antepasados. A veces es fácil aprender cosas pensadas hace miles de años como el legado de Sócrates, Platón o Aristóteles por ejemplo, pero nos cuesta aprender de nosotros mismos. Como dijera Confucio hace unos 2.500 años, *"Si tu plan es para un año, siembra arroz. Si tu plan es para diez años, planta árboles. Si tu plan es para cien años, educa a los niños."*

Para planificar más allá de diez años, debemos enseñar a nuestros sucesores la razón por la cual un territorio inmensamente rico, habitado mayoritariamente por personas sanas en edad productiva con acceso a educación y tecnología terminó siendo un país miserable sumido en el atraso.

Antes nos conocían por la frase "Está barato, dame dos" y la palabra "Chévere," ahora nos conocen por la frase "Que cagada" y la palabra "Chavismo". Es factible en nuestro país ver médicos oncólogos fumando, personal militar traficar drogas o millonarios corruptos ser aclamados por un pueblo hambriento. Es el país donde una vez alguien robó el avión propiedad de la policía Técnica Judicial (PTJ), parqueado dentro de una base militar frente a la Comandancia General de la Fuerza Aérea Venezolana y nadie sabe si tomó rumbo norte, sur, este u oeste. No hay otro sitio en la Tierra donde la policía manifieste para protestar contra la delincuencia. Donde los delincuentes asalten a policías dentro de la estación y les quiten armas, municiones y el dinero de la nómina.

Un lugar en que muchos habitantes son tan pobres que no tienen siquiera dirección para recibir correspondencia. Un país donde hubo instalada una red ferroviaria y la dejaron perder. Donde hubo iluminación eléctrica en las calles antes que en Japón y en el año 2.016 carecía de electricidad y bombillos. Donde no hay un Registro Público ordenado y confiable para ubicar la partida de nacimiento de cualquier ciudadano y saber si el Presidente de la República nació en Venezuela o Colombia. En fin, historias hay muchas y todas las podemos resumir en una sola palabra "Ignorancia". La culpa es sin duda toda nuestra, de los venezolanos. Analicemos entonces nuestra educación académica y social. El comportamiento profesional y ciudadano, la segregación de clases, ansias de poder y desidia que nos llevó a la miseria e hizo de Venezuela un "País Rico lleno de Gente Pobre."

CRIANZA ALEJADA DE LA VIRTUD

Desde la antigua Grecia, se daba gran importancia a la virtud y se veía esta como la excelencia o plenitud que puede alcanzar el hombre.

Sócrates opinaba que la virtud es aquello que nos ayuda a conseguir el bien mediante razonamientos y filosofía.

Platón aseguraba que el ser humano dispone de tres poderosas herramientas: el intelecto, la voluntad y la emoción. Para cada una de estas existe una virtud: la sabiduría, el valor y el autocontrol.

La sabiduría permite identificar las acciones correctas, saber cómo y cuándo realizarlas.

El valor permite ejecutar las acciones correctas a pesar de las amenazas y defender los propios ideales.

El autocontrol permite interactuar con las demás personas ante situaciones adversas para actuar correctamente y lograr los fines propios.

A estas tres virtudes se añade una cuarta, la justicia. Necesaria para convivir en derecho responsablemente y con seguridad ya que sin seguridad impera la delincuencia (por falta de justicia).

Se entiende entonces que una crianza con valores éticos es aquella basada en elementos de virtud, por medio de los cuales el individuo piensa, analiza y actúa motivado en la sabiduría, honestidad, amor, valor y autocontrol.

Cuando premiamos, amenazamos o golpeamos a nuestros hijos para que sigan una conducta determinada, los estamos alejando de la virtud. Ellos se comportarán "bien" de acuerdo a los principios de sus padres o tutores pero no por convicción propia sino por el deseo de obtener una recompensa o por temor a un castigo.

Por otro lado y a diferencia de lo que antes dilucidaban los filósofos de que "Si es el hombre el que hace el ambiente o es el ambiente el que hace al hombre." El profesor de Psicología y Neurociencias de la Universidad Luke en Carolina del Norte, Mark Leary enseña en su cátedra sobre el comportamiento humano, que el carácter proviene en un 50% de factores genéticos, un 30% viene dado por experiencias, cultura, educación y el 20% restante lo determina el ambiente. O sea que el carácter lo dan los padres, (nervioso, sentimental, colérico, apasionado, sanguíneo, flemático, amorfo, apático) pero la educación y el ambiente que recibimos hace en gran medida que seamos personas útiles o inútiles a la sociedad.

Una crianza con virtud es responder lo más científicamente posible las preguntas de nuestros hijos para nutrirlos de sabiduría y puedan identificar las acciones correctas. Enseñar principios éticos y morales. Ser ejemplo de honestidad, justicia, moral, comprensión, tolerancia y respetar los derechos ajenos. Ayudarlos a controlarse a sí mismos antes de que querer controlar a otros. Inculcarles amor y respeto por los animales, la naturaleza y el medio ambiente. Indicarles la diferencia entre placer y felicidad. Ayudarlos a entender que la vida es trabajo y que es más productivo hacerlo con agradecimiento que con malestar. Es difícil criar un hijo pero si logramos hacerlo bien, nuestras siguientes generaciones serán mejores que las nuestras.

CRECER EN UN AMBIENTE DE MENTIRAS

Muchos venezolanos somos criados en un ambiente donde se dice lo contrario a lo que se hace. Nos dicen que mentir es malo, "no digas mentiras" para luego aprender a mentir de los adultos. Y los adultos, además de mentir son quienes tienen el poder supremo para decidir cuando una mentira es buena y cuando es mala. La mayor decepción que uno se lleva de quienes te rodean en un país mayoritariamente católico, es cuando aprendes que el "Niño Jesús" no es quien te trae los regalos en Navidad. Ahí te das cuenta que todos se burlaron de ti, todos te mintieron, ninguno es confiable. Desde el sacerdote y los maestros hasta tus padres y hermanos son unos mentirosos. Y claro, como uno es el más pequeño, te vieron la cara de bobo. No se si esta tradición la inventó la iglesia para que los niños crean en milagros o fueron los comerciantes para incrementar las ventas, el asunto es que al final de cuentas es una broma muy pesada. Luego, ya de grande, cuando uno se entera que Jesucristo no nació ese día y que la Sagrada Biblia no hace referencia a su fecha de nacimiento, sino que fueron los políticos de la iglesia Católica quienes mezclaron el nacimiento del Niño Jesús a la fecha de las fiestas populares romanas por el nacimiento del sol el 25 de diciembre, asumes que los adultos que te educaron a parte de mentirosos, son personas manipulables al 100%.

Esa tradición del Niño Jesús podría existir y mantenerse con sorpresas y alegrías pero sin mentir, hablándole claro a los niños desde el principio. Además los niños pobres (que de paso son mayoría en Venezuela) piensan que sus padres también mienten cuando les dicen la verdad porque a los hijos de los ricos, el Niño Jesús si les trae regalos. Recuerdo en primaria al director del Colegio Las Cumbres, decirme un día respecto al Niño Jesús que esas eran "mentirillas blancas". O sea que en Venezuela, el adulto además de mentir, tiene el poder de decidir cuando una mentira es buena o mala.

En la sociedad venezolana la mentira es algo de todos los días hasta el punto de convertirse en cotidianidad. Cuando alguien llama por teléfono a la casa y el papá o la mamá no quiere atender, es común que le digan al hijo "atiende tú y dile que no estoy". Escuchar a alguien decir "hoy no quiero ir al trabajo, voy a llamar para decir que amanecí enfermo" o cuando siendo fumadores van a comprar un seguro de salud y dicen "no, yo no fumo".

Aprendemos entonces que las mentiras son buenas o malas y quien lo decide es el adulto con su poder supremo.

Vamos a tomarnos una cerveza, préstame diez bolívares y mañana te los devuelvo, el lunes empiezo la dieta y la puntita solamente son algunas de las mentiras típicas del venezolano.

Nicolás Maduro es producto de esa crianza y cada quien cosecha lo que siembra.

EXCUSAS PARA JUSTIFICAR ERRORES

Los padres o tutores justifican las errores que cometen con la excusa de ser adultos y pueden hacer lo que les venga en gana. Ellos tienen el poder y además creen saber lo que hacen.

Si un niño le pregunta al padre o madre. ¿Papá por qué fumas? Esta sería la conversación.

Hijo

¿Papá por qué fumas?

Padre

Porque sí

Hijo

¿Por qué porque si?

Padre

Bueno, eh porque me gusta.

Hijo

¿Y yo puedo fumar?

Padre

¡No, tu no!

Hijo

¿Por qué yo no y tu si?

Padre

Porque yo soy un adulto y tu eres un niño.

Niño

¿Y eso que tiene que ver?

Padre

Que yo se lo que hago y puedo tomar decisiones porque soy grande, tu eres un niño y tienes que hacer lo que yo diga. Cuando seas adulto podrás tomar tus propias decisiones, pero mientras yo sea tu padre y vivas en esta casa no quiero que agarres un cigarro. ¿Entendiste?

Hijo *(Con tono de fastidio)*

Siiiii, papá

Fin de la conversación

El poder, las mentiras y excusas hacen que el venezolano muchas veces no enfrente la realidad ni asuma su responsabilidad. Los padres venezolanos no están culturalmente preparados para dar explicaciones científicas y razonables a los hijos sobre muchos temas como el cigarro por ejemplo, en la que admitan su debilidad y dependencia a una adicción. Además no aceptan ser tan torpes o débiles frente a los pupilos. En Venezuela he escuchado a más de un ignorante decir cosas como; "Yo fumo porque a mí el cigarro no me hace daño", inclusive ponen ejemplos de personas que fumaron durante mucho tiempo y en la autopsia le encontraron los pulmones sanos. También dicen que en cualquier momento se tienen que morir, sin entender que es un asunto de calidad de vida. Buscan justificaciones para responder casi cualquier pregunta incómoda que hagan los hijos sobre su comportamiento respecto a deudas, alcohol, relaciones con parejas que no sea su padre o madre, cualquier acto irresponsable, decir groserías o insultos, estacionarse en lugares prohibidos, botar basura, etc. etc. y etc.

Mamá

Mamá estacionando el carro en zona prohibida;

Hija

Mamá, ahí dice que no se puede estacionar.

Mamá

No importa, eso es un momentito solamente. Quédate en el carro y si viene el vigilante tocas la corneta que yo salgo rápido. Sólo voy a pagar este recibo y no hay donde estacionarse. Ya vengo, total aquí no estamos molestando a nadie.

Hija *(nerviosa)*

Pero mamá y si no escuchas la corneta? O si viene una grúa?

Mamá

No seas miedosa, mira que tengo que llegar rápido a la casa a hacer la comida y no tengo tiempo para ponerme a buscar un puesto. Eso es rápido. Ya vengo.

Hija *(Resignada)*

Ok, apúrate si.

La justificación hace ver que tanto padres como maestros nunca actúan mal, haciendo siempre ver que son el ejemplo perfecto para los menores. Lo que ellos hagan tiene justificación, en cambio que el niño no puede actuar en contra de lo esperado por los padres. Aceptar la palabra de los adultos es una obligación sin necesidad de pedir explicaciones. El niño es un niño y punto. Cuando el niño con toda la sinceridad que le brinda su inocencia dice cosas como; "No quiero hacer la tarea porque prefiero jugar", lo llaman sin vergüenza y flojo. Además que lo obligan a hacer la tarea antes de ir a jugar. Entonces el niño aprende que es mejor decir que le duele la cabeza o buscar otra excusa cuando no le provoque hacer la tarea. El ser humano nace inocente y sincero, el ambiente y la cultura nos enseña a mentir.

La mentira y la justificación están estrechamente relacionadas porque se miente para inventar una justificación. Son tan constantes en Venezuela que para justificar sus errores la gente termina mintiéndose así misma. En la década de los 80 había una frase muy utilizada en Caracas, (mojonéate yourself), que significa mentirse a sí mismo.

Cuando un mentiroso actúa indebidamente se auto engaña como cualquier adicto lo haría y piensa "el problema no soy yo sino los demás". Pero, cuando es otra persona quien actúa indebidamente, se enfada y lo critica. Eso podemos vivirlo en las calles de Caracas como peatón, motorizado o conduciendo un auto. Tu puedes cruzar la calle fuera del rayado sin esperar la luz del semáforo y eso está bien, pero si es otro el que lo hace lo criticas. Si vas en moto criticas la conducta de los que caminan o van en carro. Si vas en carro criticas la conducta de los peatones y motorizados. Si vas a pie criticas a todos los demás. Pero ninguno de ellos se auto-critica para mejorar.

Cosas como orinar en la calle, botar basura en la vía pública, soltar el perro en el parque para que haga sus necesidades sin recogerlas, estacionar en zonas prohibidas, aprovecharse de un bien público, escuchar música a todo volumen en lugares públicos, meter la camioneta rústica hasta el agua en la playa, rodar la 4X4 sobre el frágil ecosistema de la Gran Sabana, robar electricidad o agua potable son cosas normales y justificables para quienes las hacen, pero son criticables si es otro quien las realiza. Quienes lo hacen generalmente justifican sus actos con un simple "porque si", "porque puedo", "porque me da la gana", "porque soy arrecho".

Existe una relación directamente proporcional entre el poder y la empatía. A mayor poder menor empatía.

Ese ser primitivo venezolano es también desconsiderado y no le importa el bien común. Mientras él esté bien los demás no importan. No sienten el menor respeto por otros seres vivos. No les importa la naturaleza, los animales, el ambiente o conciudadanos. Una simple excusa, sin entrar en detalles es lo único que se necesita en Venezuela para hacer lo que se te venga en gana quedando bien ante tus iguales. Frases como; "Si no me lo agarro yo se lo lleva otro", "Yo tiro basura a la calle para darle trabajo a los recoge latas", "Pendejo es quien no abusa cuando tiene el chance", "Hay que aprovechar mientras se pueda", son comunes en Venezuela y las escuchamos desde pequeños.

Si no inventan una excusa es porque no quieren dar explicaciones. Recuerdo en la escuela primaria a la maestra Xiomara sin dar otra explicación a un simple "porque si", sacaba del salón a nuestro compañero Alberto, como si estuviera castigado cuando iba a iniciar la clase de religión. No decía el motivo, sólo lo sacaba aunque todos sabíamos que Alberto era judío. Ahora, si la cátedra se llama "RELIGION", por qué no nos hablan un poco de todas las religiones. No, en Caracas sacaban al judío del salón para luego enseñarnos que los judíos mataron a Cristo, quien es el Dios que debemos amar y adorar (realmente lo mataron los Romanos). Eso no tiene sentido. Sabemos que somos católicos porque nacimos en un hogar de católicos, pero si hubiésemos nacido en un hogar de musulmanes seríamos musulmanes. Las posibilidades son del número de religiones que hay en el mundo. Entonces por qué no aprender desde pequeños las diferencias. Discutir las creencias de cada grupo para formar nuestra fe. Pues no, en Venezuela aprendes dentro de los límites en que los mayores quieren que aprendas y punto. No hay otro conocimiento. Ellos son grandes y saben lo que te conviene aprender y lo que no quieren que sepas sin necesidad de dar explicaciones. Por eso no es necesario explicar a los alumnos que Alberto debe salir del salón para que no se le enrede la información que obtiene en su casa con la que enseñan en el colegio. En Venezuela, los niños son considerados poco importantes como para perder tiempo dando explicaciones sobre la actuación de los mayores.

La influencia que tienen el ejemplo y la palabra de las personas que crían y educan niños, hace al venezolano irresponsable porque al crecer escuchando y siguiendo el ejemplo de los mayores se convierten en más de lo mismo. Inventan excusas y mentiras aunque las digan por costumbre y sin mala intención. Es parte del folklore.

Siempre que exista una excusa y alguien que la crea, esa gente no responderá por sus actos. Cualquier mentira justifica la acción. Si criamos un niño mentiroso es muy probable que de adulto también lo sea. En Venezuela hay casos de grandes mentirosos como fueron Carlos Andrés Pérez y Hugo Chávez Frías. Ambos engañaron reiterada y descaradamente a sus seguidores sin la menor muestra de consideración o respeto por el prójimo. Aún así, la mayor parte de la primitiva población venezolana confió en ellos con fe y esperanza hasta el punto de reelegirlos en el cargo. Ambos actuaban como reyes, sin que existiese mayor autoridad que su majestuosa presencia. Derrocharon dinero del pueblo viajando por el mundo mientras predicaban que en pocos años Venezuela sería una potencia mundial. Los dos expresidentes contribuyeron en gran medida a la quiebra moral y económica de la nación, pero ninguno aceptó estar equivocado. El error siempre lo cometen los demás porque ellos se creían perfectos. Uno motivó al país con el 5to Plan de la Nación y el otro con la 5ta República.

Ambos fueron carismáticos, queridos, admirados, corruptos, ineptos y mentirosos.

Carlos Andrés Pérez llegó a negar su familia públicamente. En una oportunidad los políticos de oposición lo acusaron de haber robado dinero a la Nación. Ubicaron sus cuentas bancarias en la ciudad de Nueva York con firma autorizada de su ex-secretaria, la Sra. Cecilia Matos. Eran cuentas conjuntas con quien, el para entonces presidente tenía una hija. Esa relación era del conocimiento popular y la sociedad venezolana lo tomaba como un chisme del momento, aún para aquellos que también tenían amantes.

Durante un programa de televisión en vivo, la periodista preguntó a Carlos Andrés sobre esas cuentas conjuntas y la partida de nacimiento publicada de la niña Pérez Matos, a lo que él respondió, con voz firme y sin dudar, "YO NO CONOZCO A ESA SEÑORA". Para los que no conocen la historia, luego de dejar la Presidencia de la República, Carlos Andrés Pérez solicitó asilo político en los Estados Unidos donde murió en compañía de su amante, la Sra. Matos y las hijas que tuvo con ella.

Otros casos de descaro, mentira e irresponsabilidad fueron protagonizados por el niño ya adulto Hugo Chávez Frías, en quienes muchos confiaron. Chávez criticó en su campaña política el uso de aeronaves del Estado para fines personales y utilizó a los Estados Unidos de Norte América como el enemigo imperialista número uno de Venezuela, contra quien iba a luchar por la independencia económica de la nación. El primer viaje que hizo Hugo Chávez como Presidente de la República fue precisamente a gastar Dólares de todos los venezolanos como turista a los Estados Unidos de Norte América. Viajó a la ciudad de Miami en el Estado de la Florida con toda su familia y amigos en aviones del gobierno venezolano para cumplir un sueño de niño.

El quería jugar béisbol en las grandes ligas y en esa oportunidad, por ser Presidente de Venezuela, el equipo de los Marlins de Miami le permitió participar como pitcher en un juego de exhibición, al cual asistió derrochando dinero del pueblo que lo eligió. Se quedó además unos días en la ciudad disfrutando del Imperio al que decía aborrecer. Predicaba liberar a Venezuela y en los años siguientes la entregó a los cubanos.

Chávez trató de derrocar a Carlos Andrés Pérez con un golpe de estado para luego decir que quien da un golpe es asesino, traidor y maldito. Según sus seguidores, el golpe que dio Chávez a Carlos Andrés Pérez está bien porque fue él quien lo dio, pero si lo hace otro está mal. Chávez acusó a la oposición de lucrarse con el dinero del pueblo para luego una vez en el poder hacer lo mismo descaradamente. Enfermó de cáncer y no quiso tratarse en Venezuela. Se fue a Cuba en aviones del estado venezolano. Tanto el tratamiento médico como sus continuos viajes al Caribe, traslado de familiares, amigos y demás parásitos a la isla fueron costeados con dinero del pueblo venezolano. El sueldo de Hugo Chávez no alcanzaba ni para colocarle gasolina al avión, pero vivía como un rey a costas del erario público y aún así el hambriento pueblo de Venezuela lo seguía idolatrando por hablar bonito o decir siempre aquello que el pueblo quería escuchar. Hugo Chávez mintió descaradamente en cada uno de sus discursos vendiéndose como alguien honesto y trabajador por su pueblo, cuando en realidad lo que hizo fue codearse con delincuentes para debilitar de cualquier forma la oposición política y permanecer en el poder. Es un hecho público y notorio que por lograr su objetivo quebró el país, se alió con delincuentes comunes, guerrilla colombiana, narcotraficantes, cubanos e iraníes y aseguró el poder sin importar el sufrimiento del pueblo que votó por él.

La justificación y mentira la llaman "viveza". Eso que dice el venezolano sobre si mismo de "ser vivo" también es una justificación para comportarse primitivamente pisando a los pendejos. Tanto Carlos Andrés Pérez como Hugo Chávez son ejemplo de la llamada viveza criolla, tomando ventaja sobre el pendejo. Los allegados a Carlos Andrés y Hugo Chávez fueron otros parásitos en busca de poder bajo la sombra del líder. Muchos aprovecharon su cuota de ventaja sobre los pendejos llamados ciudadanos de a pie.

La mentira: 5to Plan de la Nación o la 5ta República.

La realidad: Obtener poder y dinero a costa de la ignorancia colectiva.

Una vez en el poder no existe empatía. Los demás que se jodan como decimos en Venezuela.

EL PODER PRIVA SOBRE LA JUSTICIA

Además de mentir, justificar y no dar explicaciones aprendemos en casa y el colegio que todos nuestros derechos están supeditados al poder. Tenemos derecho de propiedad pero sin capacidad para disponer de lo que es nuestro. Algo así como que tienes obligaciones pero el derecho a goce y disfrute es limitado. Quien tiene poder puede cambiar todas las reglas.

Nos dice el Profesor Mark Leary en su cátedra sobre el comportamiento humano que todos nuestros actos están basados en cinco motivaciones.

1. Deseo de ser aceptado.

2. Pertenecer a un grupo.

3. Influenciar a otros.

4. Proteger. (Nuestro cuerpo, seres queridos y bienes materiales).

5. Aparear.

Esto es tan así que nadie quiere ser rechazado ni estar aislado. Influimos en otros al invitarlos al cine o pedir matrimonio. Protegemos instintivamente nuestra integridad física y mental, así como cuidamos nuestros bienes materiales y por lo general queremos tener pareja.

Al niño venezolano quien por naturaleza quiere cuidar lo suyo, se le reafirma que el juguete le pertenece y debe cuidarlo. Les repiten frases como "El que no cuida lo que tiene a pedir se queda". Les exigen ser responsables, guardar sus cosas, limpiar y darles mantenimiento pero al mismo tiempo que le enseñan que lo suyo es suyo le demuestran todo lo contrario. El juguete le pertenece al niño sólo cuando los padres así lo deciden y punto.

Imaginemos la siguiente escena;

Un niño juega con su carrito y de pronto aparece el hermano menor quien quiere también jugar con el mismo juguete.

César *(jugando)*

Ram rammmmm rammmmmm

Pedrito

Yo quiedo juga, péstame tu cadito.

César

No

Pedrito

Péstamedo

César

No

Pedrito

Un datito

César

Que no, no fastidies. Anda a jugar con otra cosa.

Pedrito *(Llorando y gritando)*

Mamaaaaaaaaaaaaaaaaaaá

En eso escuchamos a la mamá, quien probablemente está cansada de trabajar todo el día limpiando casas ajenas para ganarse la vida y ahora cocina a leña (porque el camión que vende las bombonas de gas no pasó por ahí).

Mamá

(en tono elevado)

Cesar Augusto

En Venezuela casi todos tenemos dos nombres, pero pareciera que el segundo lo ponen sólo para que tu madre te llame cuando estás en problemas.

César

¿Qué mamá?

Mamá

Mamá, no SEÑORA.

Pedrito *(llorando)*

*Mamaaaaaaá, ahhhhhh, mamaaaaaaaá. Yo quedo jugaá
con ed caditoooooo.*

Mamá

*Cesar Augusto, préstale el carro a tu hermano. No lo hagas
llorar. Tienes que aprender a compartir. No te da pena, tan
grande y con eso, debería darte vergüenza haciendo llorar
a tu hermanito. Préstale el carro.*

Cesar

No

Pedrito *(llorando mas fuerte)*

Mamaaaaaaaaaaaaaaá

Mamá *(Aún con paciencia.)*

*César Augusto, estoy casada hijo. Necesito preparar la
cena y dejarles lista la comida para mañana. No puedo estar pendiente de Pedrito. Préstale el carrito si.*

Pedrito

Péstamelo

César

Nop.

Pedrito *(llorando mas duro)*

Mamaaaaaaaaaaaaaaa

Mamá *(gritando)*

Cesar Augusto ¡Dale el peazo e carro ya! Si no quieres que te meta un correazo.

Cesar

Tira el juguete al piso y se va molesto.

Pedrito

Para de llorar y empieza a jugar sonriente con el carrito en la mano.

Esa es la forma como los venezolanos aprendemos lo siguiente;

a. Tu podrás ser el dueño, pero si una persona con poder lo quiere, te lo quita.

b. No hay posibilidad de negociación o diálogo. Aquel que tenga el poder es quien decide.

c. Si no tienes poder debes arrimarte a quien lo tenga.

d. El poder priva sobre la razón, las reglas y el entendimiento.

En este punto de la vida ya tenemos un niño que ha aprendido a mentir, inventar excusas y sabe que el poder es más importante que cualquier norma de convivencia. Ese niño probablemente en un futuro llevará las riendas del país.

A diferencia de otras culturas pareciera que padres, madres y maestros en Venezuela no ven al niño como un ser pensante a quien pueden explicar los problemas, negociar y llegar a un entendimiento. Ahora que vivo en Estados Unidos, he visto reiteradamente en sitios públicos a padres anglosajones tratando de convencer con razonamientos válidos al niño que llora y grita porque quiere un juguete que los padres no pueden o quieren comprar. Las madres Norte Americanas pasan por un lado y sonríen o no toman en cuenta el asunto, por ser una escena normal. En cambio las madres latinas al ver el escándalo del niño por lo general dicen cosas como "eso se le quita con una nalgada", "los míos no me hacían berrinche porque sabían que lo que iban a llevar es cuero", "con un zapatazo por la frente se acaba el show".

Al niño venezolano como buen latino le enseñan sin explicaciones razonables para convencerlo, un golpe, halón o grito y ya. Aplicar el poder hasta que aprenda y repita la conducta instintivamente. Casos comunes como el siguiente abundan en Venezuela;

Mamá

No pongas los codos sobre la mesa

Hijo

¿Por qué?

Mamá

Porque es mala educación

Hijo

¿Por qué es mala educación?

Mamá

Porque tu eres un niño bien educado y no debes hacer esas cosas.

Hijo

Ajá, pero porqué está mal que lo haga

Mamá

Porque se ve feo

Hijo

Yo no lo veo feo. Por qué lo ves feo?

Mamá *(Alterada)*

Por que sí chico, porque sí. Porque es mala educación, es algo feo. No me gusta que lo hagas. No pongas los codos sobre la mesa y punto. Obedece y deja la preguntadera que yo se porque te lo digo. No quiero volver a verte con los codos en la mesa y punto.

Hijo

Ok.

Fin de la conversación

El padre del Psicoanálisis Sigmund Freud, decía que ciertas experiencias en los primeros años de vida pueden causar secuelas en el futuro.

Lo viví en carne propia y muy probablemente quien lea este texto también tendrá algún recuerdo impactante de un episodio en su infancia. En mi caso particular mi mamá me obligaba a usar corbata para algunas fiestas. Me negué, lloré y cuando preguntaba por qué, mi mamá respondía el típico "Quiero que te veas bello y elegante". Hoy tengo 53 años de edad y aún siento malestar cuando recuerdo esa experiencia. Igual sucedió con la comida. Mi papá nos obligaba a comer todo lo que había en el plato y a mi mamá le gustaba servir bastante. El argumento de mi papá es que en el mundo mueren muchas personas por falta de alimentos y debemos estar agradecidos porque tenemos que comer. La comida no se puede botar decía, y te la tienes que comer "toda". No había negociación posible, mi papá tenía el poder y mi mamá llenaba el plato. Aún hoy, aunque esté satisfecho, lleno o teniendo la impresión que me va a dar una indigestión, me da pena dejar comida en el plato. El temor al castigo me dejó secuelas, tanto con el plato como con la corbata.

Pienso que a las personas hay que enseñarles con argumentos lógicos y convincentes. Si no lo convences con razonamientos que logre entender fácilmente no le has enseñado nada.

Hace años estuve en una posada del Estado Sucre propiedad de un alemán llamado Klaus. Su esposa, quien es venezolana y seguramente ya influenciada por la cultura de su compañero, me enseñó una gran lección cuando su hijo, quien ya era un hombre ayudaba a recoger la mesa. El botó una servilleta que no había sido utilizada. Su mamá le increpó ¿Por qué la botas? El respondió, es una servilleta, eso no vale nada. Ella inmediatamente respondió. No vale nada para ti, porque la encontraste hecha. Si tuvieras que fabricarla no sabrías como hacerlo. Para fabricar una servilleta se requiere sembrar una planta y esperar que el árbol crezca, extraer la fibra de la corteza y hacer un procedimiento químico que cuesta trabajo y dinero. Después que tengas el papel elaborado, hay que darle color, picarlo, empaquetarlo y traerlo hasta aquí en medio de la selva. Botar esa servilleta es irrespetar a todos los que trabajaron en ella y todo porque a ti no te costó nada, porque la encontraste hecha.

Esa señora me enseñó que la forma en que los padres reclaman a los hijos es lo que determina que estos aprendan del error cometido. Eso es virtud, lo contrario es simple demostración de fuerza.

CRECER EN LA MISERIA

El Consejo Nacional de Evaluación de la Política de Desarrollo Social de México CONEVAL, define la pobreza de la siguiente forma;

"Una persona se encuentra en pobreza extrema cuando tiene al menos una carencia social, cuales son; educación, salud, seguridad social, calidad y espacios en la vivienda, servicios básicos y acceso a la alimentación o su ingreso no es suficiente para adquirir los bienes y servicios que requiere para satisfacer sus necesidades alimentarias y no alimentarias".

De acuerdo a esa definición la mayoría de la población venezolana está enmarcada en la pobreza extrema.

En Venezuela no es fácil obtener cifras, pero podemos utilizar los siguientes datos;

Eluniverso.com - Un estudio realizado entre junio y julio del 2.015 por las Universidades Católica Andrés Bello, Central de Venezuela y Simón Bolívar revelaron que el 73% de la población venezolana es pobre, debido a que sus ingresos no son suficientes para cubrir gastos básicos.

En otras palabras siete (7) de cada diez (10) venezolanos viven en la miseria.

Datosmacro.com – La población venezolana para el año 2.015 es de treinta millones ochocientos cincuenta y un mil trescientos tres habitantes. 30.851.343

Según cifras del INAC, (Instituto Nacional de Aviación Civil) en el año 2.016 se embarcaron y pagaron tasa aeroportuaria en rutas nacionales e internacionales la cantidad de un millón trescientos veintisiete mil seiscientos nueve (1.327.609) pasajeros. Vamos a asumir que cada uno de ellos viajó una sola vez en el año, tenemos entonces que tan sólo un 4.4% de la población venezolana tiene la posibilidad para viajar en avión. Esta no es la mejor forma de determinar el número de venezolanos con poder adquisitivo porque el precio de los boletos está regulado por el gobierno y en algunos casos es más económico viajar en avión que por vía terrestre. Pero aún así no todos pueden viajar ya que eso involucra otros costos como hotel, restaurantes, etc. Algunas personas viajan más de una vez al año y otras que lo hacen por trabajo no pagan el boleto. Pero sabemos que la industria de la aviación comercial en Venezuela tuvo un mercado de 1.327.609 clientes para el año 2.016. Eso representa solamente un 4.4% de la población venezolana. A groso modo, ese 4.4% es quien compra carro, casa, consume en restaurantes, asiste al teatro, paga seguro de vehículo etc.

Sabemos que el 73% es pobre, que el 4.4% tiene capacidad de viajar y el 22.60% restante puede estar dividido entre gente de clase media baja, que si bien cubre sus necesidades básicas no le alcanza el dinero para viajar y de hacerlo probablemente lo hacen en autobús. Entre la clase media baja están los profesionales con sueldos de trescientos mil Bolívares mensuales (Bs. 300.000) equivalentes a US$ 85.31 a la tasa libre de Bs. 3.500 X US$, cual es la tasa de libre acceso para el común de la gente. Ese ingreso no alcanza para viajar dentro o fuera de Venezuela. Hay también millonarios con avión propio, cuya cifra es difícil de conocer porque registran sus aviones en otros países para cuidar las apariencias además de no pagar impuestos en Venezuela.

Venezuela es un país rico lleno de gente pobre, donde la mayor parte de su población vive en lo que llamamos ranchos equivalentes a Champas en Centro América, Chozas en México o Fabelas en Brasil.

El venezolano promedio no es flojo, es mas bien trabajador. Se levanta a las cinco de la mañana para arreglarse y cocinar lo que pueda llevar de almuerzo al trabajo. Sale de la humilde vivienda unas dos horas antes del horario laboral para caminar hasta la parada. Hace fila para montarse en el autobús que lo lleva hasta el tren-metro u otra parada de buses que lo deje cerca del trabajo. Labora 8 horas y se demora nuevamente dos horas en llegar de regreso a su casa. Esas humildes viviendas generalmente construidas en montañas no tienen tuberías con agua potable. Por lo general los habitantes llenan un barril de agua con manguera a la hora que llegue el líquido y de ahí sacan en baldes para asearse, limpiar y cocinar. Ese caraqueño no ve a sus hijos durante el día y la educación de los menores está en manos de quien pueda vigilarlos. Ese menor hasta ser adolescente no conocerá nada distinto a la miseria y sus padres en la Venezuela de hoy no tienen ni una remota esperanza de mejorar su nivel de vida.

En los años noventa, yo trabajaba para Empresas Polar produciendo documentales de televisión "Viajando por Venezuela" como un Aporte Cultural de Empresas Polar. A nuestras oficinas en CEDESA, se acercó una señora pidiendo le regaláramos copia de documentales donde aparecieran animales. Ella quería enseñar a jóvenes de barrios pobres caraqueños como es el mundo fuera de la zona donde viven. Muchachos que a los 14 años de edad aún no habían visto un animal distinto a rata, perro, gato o zamuro. Ella buscaba videos con vacas, caballos, ovejas, campos, etc. Ese es el nivel de ignorancia de nuestra población. Inclusive hoy en día sólo una minoría tiene acceso desde un computador a Internet, el cual es lento comparado con otros países. Los niños venezolanos crecen sin salir del barrio. No conocen la playa, la selva o la sierra. Su mundo está confinado a un barrio pobre, rodeado de gente ignorante en un ambiente de miseria. Es un multiplicador de ignorancia.

Tenemos problemas derivados de crecer en la miseria y además nos falta educación. Entre los años cincuenta y sesenta arribaron a Venezuela miles de extranjeros buscando un mejor nivel de vida, quienes aportaron grandes beneficios al crecimiento de la economía. Aún así, no supimos apreciar su aporte y por el contrario nos burlamos e hicimos chistes de los portugueses, italianos y españoles. Tratamos a los colombianos, ecuatorianos y demás suramericanos como seres inferiores sin darnos cuenta que los culturalmente inferiores éramos nosotros. Seres carentes de desarrollo disfrutando la bonanza petrolera en un mundo de ilusión, en el que podíamos tener a un jardinero colombiano, una mucama ecuatoriana y comprar el pan donde el portugués.

El siguiente ejemplo ya es historia que comprueba nuestra incultura. En esos años llegaron al país un grupo de extranjeros sin dinero ni bienes de fortuna cuyo único capital estaba en sus maletas. Como la mayoría de los cosas en esta nación de improvisaciones, luego de haberles prometido que serían recibidos y atendidos, nadie los esperó en el puerto. Desembarcaron en un lugar distinto al programado por las costas del Estado Aragua. No les informaron donde tenían que ir y ellos con determinación subieron por las montañas hasta encontrar el lugar adecuado donde instalarse. Construyeron casas de madera con pozos sépticos utilizando arquitectura y tecnología europea, fabricaron molinos, sembraron la tierra, se organizaron en sociedad y crearon lo que hoy conocemos como la "Colonia Tovar". Un pueblo autosustentable construido por alemanes que es ahora es un lugar turístico en el tope de las montañas del Estado Aragua.

En las mismas condiciones han llegado a Caracas, Maracaibo, Valencia y otras ciudades del país, venezolanos sin bienes de fortuna para buscar trabajo en la capital quienes han ocupado montañas enteras y todas son un asco llenas de miseria, basura, delincuencia y hacinamiento. No utilizan el agua de los riachuelos para fabricar molinos sino para botar basura y drenar las tuberías de aguas negras. Han formado barrios como Petare, El Hediondito, Siete Cojones, Ojo de Agua y la única diferencia entre alemanes y venezolanos es la educación.

EDUCACIÓN ESCOLAR

Todos los seres humanos somos distintos y por ende tenemos habilidades diferentes. Eso es parte de la naturaleza. Si observamos una mata de mango cargada de frutos, veremos mangos pequeños, mangos grandes, otros verdes o amarillos, algunos con manchas y otros que no tienen. Los frutos son distintos aún y cuando nacieron del mismo árbol. Así somos los humanos y por ende no podemos ser entrenados de la misma forma. Probablemente ahí está el fracaso del comunismo, no pueden obligar a que todas las personas se conformen con lo mismo porque somos distintos por naturaleza.

A diferencia de los países desarrollados donde los niños desde la escuela elemental tienen la posibilidad de escoger materias electivas para ir canalizando sus aptitudes, en Venezuela todo es obligatorio. En los Estados Unidos por ejemplo, durante los primeros años de vida ya el niño puede explorar sus habilidades en diferentes áreas. Tanto en la educación primaria como media, van tomando las materias electivas que les guste o para las cuales tengan aptitudes. Algunos son buenos con los números, otros lo son en arte, literatura, música, deporte, medicina, idiomas, etc. Ya en la última fase del bachillerato pueden inclusive tomar materias universitarias relacionadas a la carrera que quieren estudiar. Con ese método el alumno desde pequeño va desarrollando sus habilidades naturales, adquiriendo conocimiento, experiencia y escogiendo la profesión que piensa seguir mucho antes de graduarse de bachiller.

Hay alumnos en USA que probablemente al graduarse de bachiller no saben hacer un polinomio, pero son excelentes en literatura o biología. El sistema está diseñado para enseñarlos a pensar, descubrir habilidades y especializarse en aquello que les guste. Hay muchas materias opcionales como: ciencias forenses, finanzas, periodismo, hablar en público, literatura gótica, creatividad, finanzas personales, geometría, medio ambiente, astronomía, psicología, economía, asuntos contemporáneos del planeta, sociología, arqueología, historia del mundo, ciencias políticas, idiomas, fotografía, diseño de páginas web, diseño de juegos, programación, ingeniería de audio, teatro, música, actuación, modelaje, artes culinarias, hospitalidad y turismo, ciencias de la salud, mercadeo para la industria del entretenimiento, administración de restaurantes, empresariado, veterinaria, agricultura, diseño de modas, diseño interior, instrucción militar, sólo por mencionar algunas.

En Venezuela por el contrario el programa educativo está diseñado para impartir conocimientos generales. No sirve para canalizar aptitudes y mucho menos para enseñar a pensar.

Ya uno viene de la casa (cojeando de una pata) como decimos en criollo, por aquello de que no somos seres pensantes sino obedientes y el colegio refuerza esa actitud con la obligatoriedad de estudiar cosas que no te gusten y para las cuales no tienes talento.

Por otro lado el ambiente escolar no es el mejor. Hay salones de clase con más alumnos de los que puede controlar un maestro. Hay clases en lugares que antes fueron casas de familia con 45 pupitres por dormitorio, colegios improvisados en lugares sin patio o áreas deportivas. En mis viajes por Venezuela llegué a ver maestros dando clases bajo un árbol o en el garaje de una casa. Las condiciones por lo general no son óptimas para la mayoría de la población estudiantil venezolana.

El niño que despierta temprano, desayuna precariamente y camina varios kilómetros bajo el calor del trópico o el frío de la sierra andina hasta llegar a la escuela, para luego escuchar una materia que probablemente no le gusta, se aburre. Ese alumno habla en el salón, molesta a los compañeros, estira sus piernas, duerme, dibuja en clase de matemáticas y no aprende de números. Por otro lado, el maestro se convierte en un dictador para controlar al salón. No puede permitir que ese estudiante aburrido contamine a los demás.

El maestro impone su autoridad como mecanismo de defensa y no tiene tiempo para atender a cada alumno por separado. El profesor imparte su clase y el que no prestó atención se quedó sin aprender. Para que el maestro pueda trabajar, debe imponer disciplina antes que impartir conocimiento. Llegar a tiempo, con el uniforme limpio y completo es primordial. En algunos colegios si llegas tarde no te dejan entrar. Demostrar jerarquía y poder para controlar niños rebeldes, consentidos, aburridos, desmotivados, malcriados es prioridad en la educación venezolana.

Los maestros en Venezuela tampoco son personas con buenos sueldos que puedan tener un buen nivel de vida. Por lo general tienen dos o mas trabajos y su necesidad de supervivencia es lo que los lleva a enseñar.

Es muy probable que en todas partes del mundo haya alumnos rebeldes, pero a diferencia de Venezuela en otros países los maestros tienen herramientas de control. Hay procesos motivacionales, psicólogos, deportes, teatros, espacios adecuados, trabajos comunitarios, incentivos, buena alimentación y diversión. En los Estados Unidos, para el año 2012, California fue el estado de la unión con más alumnos por maestro 24.9 y Vermont el que menos con 9.2. En ese país el promedio de alumnos por salón es de 16 a 25 y estudian en espacios diseñados específicamente para impartir instrucción. Es un sistema donde se puede controlar al alumno sin comprometer su autoestima y enseñarlos a respetar al profesor por sus conocimientos, no por el poder que ostenta. En algunos casos, los alumnos pueden hasta ir en pijamas al colegio. La prioridad es que aprendan y no como se vistan. Hay códigos de ética y conducta, pero permitiendo siempre al estudiante escoger una conducta cónsona con su forma de vida y formación.

Por el contrario, las condiciones económicas y sociales de Venezuela hacen que la prioridad del maestro no sea enseñar sino CONTROLAR al alumno. Una vez controlados pueden tratar de enseñar.

Tenemos entonces que:

1. Es aburrido aprender algo que no te gusta, pero no hay elección.

2. El maestro debe mostrar su poder para controlar el salón antes de impartir conocimientos.

3. No puedes desarrollar tus habilidades naturales en el colegio por que no hay materias electivas.

A modo de ratificar lo antes escrito les relato lo siguiente; En una oportunidad con un grupo de amigos, hicimos un programa piloto para la televisión que no logramos vender en Venezuela, titulada "Biografía de una Profesión". El objetivo era desarrollar una biblioteca en vídeos, con la cual el alumno al culminar sus estudios de bachillerato pudiera saber como es la vida según la profesión u oficio. ¿Qué se siente ser odontólogo, ingeniero naval, publicista, plomero, etc.? Desde el pensum de estudio e inserción en el mercado laboral hasta su jubilación. Frustraciones, logros, día a día de la carrera, etc. El programa piloto fue sobre Psiquiatría. ¿Qué se siente ser Psiquiatra? Obtuvimos la colaboración de un nutrido grupo de médicos psiquiatras de quienes aprendimos entre otras cosas lo siguiente;

1. La enfermedad de este siglo es la depresión.

2. El escoger bien una profesión u oficio genera bienestar, hacer lo contrario produce depresión y angustia.

3. La deserción estudiantil o cambio de carrera es común en Venezuela.

4. Si tienes problemas personales, puedes enfocarte en el trabajo que te gusta para aliviar las penas, pero cuando trabajas en algo que no te gusta por el contrario se agrava la situación personal.

Aprendimos muchas cosas de los médicos psiquiatras, las cuales quisiera algún día poder poner a disposición de todos los venezolanos, a ver si comprenden que todos los seres humanos somos distintos y no se nos puede enseñar de igual forma. Al niño hay que ayudarlo a descubrir y desarrollar sus habilidades desde los primeros años de vida. Reiteramos junto a esos profesionales de la medicina que un individuo criado en la miseria por padres sin educación, carente de información, esparcimiento, virtud y buen ejemplo difícilmente puede salir de la miseria. No es imposible, pero es bastante improbable que ocurra.

EDUCACIÓN SUPERIOR

La educación superior es muy parecida a la primaria. Todo es obligatorio y los cambios de carrera no son automáticos ni están planificados. Para entender que es obsoleta y poder comparar debo explicar un poco el sistema educativo de los Estados Unidos.

En aquellas carreras que requieran colegiaturas, las universidades no gradúan, sólo te preparan para pasar el examen ante el Estado. El sistema está diseñado por créditos educativos y debes acumular más de sesenta (60) créditos educativos para terminar el básico llamado Grado Asociado o "Associate Degree". Ciento veinte (120) créditos o más para cuatro años de estudio o Graduado. "College Degree". Después de eso empieza la especialización.

Por ejemplo, para ser ingeniero eléctrico en La Florida debes hacer lo siguiente.

1. Luego de culminar el bachillerato entras a un College o Universidad por un básico de dos años. Un tutor académico te orienta sobre las materias que debes o no estudiar de acuerdo a tus aspiraciones y conocimientos. En el básico hay que repetir las materias relacionadas a la carrera que pasaste en bachillerato con malas notas, además de las materias requeridas para estudiar ingeniería. Hay cursos obligatorios y electivos para ayudarte a verificar que te guste la profesión, saber que rama de ingeniería o si por el contrario sientes inclinación por otra carrera. Al terminar esos dos años obtienes lo que llaman un Grado Asociado en ingeniería, pero no eres ingeniero ni técnico superior. Ese grado puede ser inclusive en una especialización. (Eléctrica, mecánica, civil, etc.)

2.- Luego entras en la carrera propiamente dicha por un período de dos años, donde nuevamente ves materias obligatorias y electivas. Aquí tienes un abanico de posibilidades porque hay materias que son comunes a varias carreras y te permiten cambiar sin haber perdido tiempo ni dinero. Al cabo de dos años obtienes lo que llaman un Diploma en Ingeniería – mención Ingeniería Eléctrica, pero no eres ingeniero. Eso sólo significa que estás capacitado para presentar el examen ante el Estado.

3.-Una vez presentado el examen ante el comité o Colegio de ingenieros del Estado, es que obtienes el título y puedes ejercer. Cada Estado tiene sus normas. En algunas profesiones debes hacer pasantías, estudiar una especialidad, hacer trabajos comunitarios o presentar una tesis. Luego de haber obtenido el Título, hay carreras como derecho o medicina en las que debes renovarlo cada cierto tiempo y presentar exámenes para probar que mantienes los conocimientos al día, o de lo contrario no puedes seguir ejerciendo.

Este sistema educativo ayuda al individuo a conocer la carrera y elegir la especialización que quiere, dando muchas posibilidades de cambio en el camino. Mi hija por ejemplo, entró al básico del College con la idea de estudiar medicina y ser psiquiatra por lo que el tutor le indicó las materias que debía tomar tanto para ser médico como para ser psiquiatra. Como hay materias comunes con la carreras de farmacia y medicina le permitieron obtener una licencia de asistente de farmacia. Posteriormente al cumplir cierto número de horas de trabajo en una farmacia puede optar por el Certificado de Asistente Farmacéutico para trabajar en hospitales. Todo esto sin desviarse de los estudios de medicina. Esos trabajos le dan experiencia y preparación en el ambiente médico para el día que llegue a graduarse. En cierto punto de la carrera puede optar por ser farmaceuta, psicóloga, enfermera sin haber perdido tiempo o seguir los estudios de medicina. Aquí hay una gran diferencia con los estudios en Venezuela donde el pensum es lineal.

En el caso de Venezuela para ser ingeniero eléctrico o médico hace falta ser bachiller e inscribirse en la Facultad respectiva de la Universidad. Al cabo de cinco años, presentar la tesis o hacer pasantías y estás graduado con capacidad para ejercer. En caso de cambio, hay materias comunes con otras carreras en las que puedes pedir equivalencias pero sabemos que no es automático, es engorroso y toma tiempo. El asunto es que si en 4to año de estudios te das cuenta que no te gusta y quieres cambiar, has perdido por lo menos tres años de tu vida ya que las equivalencias que te dan para otras profesiones no son muchas. Antes de perder tanto tiempo muchos prefieren continuar la carrera y trabajar el resto de sus vidas haciendo algo que no les motiva.

La diferencia más importante está en ayudar al individuo en reconocer sus habilidades naturales para desarrollarse en esa profesión. Eso es motivación y estímulo para ser mejores.

En Venezuela por lo general escogemos una carrera distinta a nuestras habilidades naturales. Algunos estudian medicina porque el papá es médico, otros se meten a militar porque era la única opción en el momento y así, lo cual a la larga genera deserción estudiantil, cambio de carrera, frustración, depresión, angustia, pérdida de tiempo y dinero entre otras cosas.

La educación se refleja por supuesto en el campo laboral. Viví la diferencia entre dos universidades privadas y dos culturas distintas. Una en Estados Unidos y la otra en Venezuela.

En la Universidad de California en Los Ángeles, UCLA los profesores son humildes y están conscientes de ser empleados de los alumnos, quienes pagan una matrícula para recibir un servicio. La función del profesor es transmitir conocimientos y hacen todo lo posible por enseñar. Utilizan herramientas diversas, hacen chistes, invitan ponentes y en fin todo aquello que se les ocurra para dejar una buena experiencia y transmitir sabiduría. Al final del trimestre si toda la clase saca buenas notas, los profesores quedan contentos porque hicieron un buen trabajo. Luego el Departamento de Administración entrega a los alumnos una hoja con preguntas para calificar al profesor. Preguntas como:

1. Siente usted que incrementó sus conocimientos profesionales en este tiempo? Mucho, poco o nada.

2. Si tuvo una duda, ¿Dedicó el profesor el tiempo necesario para aclarar su duda?

3. Comprendió usted fácilmente lo explicado en clase o tuvo que pedir apoyo a compañeros u otra fuente para entenderlo?

Y así por el estilo. El asunto es que si los profesores no transmiten bien el conocimiento los alumnos lo sacan de la universidad.

Mi segunda carrera la cursé en la Universidad Santa María en Venezuela. Ente privado al igual que la Universidad de California y el asunto fue completamente distinto. Muchos profesores al igual que en primaria o bachillerato muestran su poder para asumir el control del salón. Lo que prevalece para algunos profesores no es transmitir conocimientos sino demostrar que saben mucho. Profesores arrogantes y prepotentes generando una barrera entre su persona y el "bachiller". Hubo uno de derecho Romano que sólo leía el libro en voz alta y se iba. También debo decir que hubo buenos profesores, humildes, amables y con experiencia, quienes para el momento ejercían la profesión, pero lamentablemente fueron minoría.

Un profesor arrogante de Derecho Civil, en su primera clase dejó saber que le iba tan bien en el negocio del derecho que tenía finca, oficinas propias y carro nuevo con chofer. Ese profesor obligó que lleváramos las tareas hasta su oficina en el centro de Caracas y fuesen entregadas a su secretaria un día específico de la semana antes del medio día. Quería enseñarnos disciplina decía.

Al final del trimestre y específicamente después de los exámenes era común escuchar a más de un profesor vociferar por los pasillos, "los raspé a toditos" "no me pasó ninguno". Era como una guerra entre el profesor todo poderoso y el alumno bachiller que debe aspirar a ser como el maestro. Repito, no todos los profesores fueron así, pero un buen número de ellos sí. En cambio en la Universidad de California en USA, puedo afirmar con toda seguridad que TODOS los profesores se esmeraron por sobresalir en el arte de la enseñanza. Dos culturas muy diferentes, una con profesores humildes en un país desarrollado y la otra con profesores arrogantes en un país tercermundista.

La combinación de alumnos estudiando carreras por la que no sienten pasión y profesores arrogantes es bastante dañina para la sociedad.

Gracias a la tecnología y para comprender mejor el tema, podemos hoy en día, ver clases en universidades distantes sin tener que estar presentes. Invito a cualquier abogado graduado en Venezuela que entienda inglés a escuchar la clase de Filosofía del Derecho, dictada por el profesor Michael J. Sandel de la Universidad de Harvard sobre "Justicia y el Deber Ser". Para ello deben tener un computador Macintosh, IPhone, IPad o Ipod con el programa Apple Store, luego descargar la aplicación ItunesU y buscar las clases del Profesor Sandel, el proceso es gratuito. Después de eso y con toda honestidad compárenlas con las que recibieron en cualquier facultad de Derecho en Venezuela. Obviamente hay una gran diferencia, no sólo en el profesor sino también en el nivel de los alumnos.

Otro ejemplo del sistema educativo venezolano está en las Fuerzas Armadas Nacionales, donde al graduarse de sus respectivas escuelas los estudiantes juran cumplir la constitución y las leyes. Lamentablemente en la educación militar venezolana no existe la cátedra de Derecho Constitucional. Si no es requisito estudiar la Constitución y mucho menos los métodos jurídicos para aplicar la ley, los integrantes de la Fuerzas Armadas Venezolanas juran cumplir una constitución que no conocen. Ese es el reflejo de nuestra educación superior. En pocos casos excelente y en muchos deficiente.

Recibí por What'sUp un escrito de autor anónimo que refleja la relación profesor – alumno en Venezuela y quiero compartirlo con ustedes.

LA CONFIANZA LO ES TODO

Profesores de una facultad de Ingeniería fueron invitados a entrar a un avión. Después que todos se acomodaron en sus asientos, se les informó que el avión había sido construido por sus alumnos. En aquel mismo instante todos los profesores salieron corriendo desesperadamente fuera del avión, en total estado de pánico. Sólo un profesor se quedó quieto y sereno en su lugar. Cuando le preguntaron el motivo de tanta calma, el hombre respondió:

"Conozco perfectamente la capacidad de mis alumnos. Si ellos fueron los que lo construyeron, tengo la más plena confianza de que esta mierda ni siquiera va a poder arrancar."

EDUCACIÓN CIUDADANA

Como buen venezolano arrogante que cree saberlo todo, me molesté cuando al pedir la licencia para conducir moto en el Estado de la Florida me exigieron hacer un curso para aprender a conducir. He montado motos desde hace 30 años les dije. Hasta el 2.009 que vivía en Caracas me desplazaba en moto por la ciudad. El que maneja moto en Venezuela, monta moto en cualquier parte pensé. Pues no, en la Florida hay que hacer un curso para que te den la licencia, te guste o no me dijeron.

Para mi sorpresa aprendí cosas nuevas como;

a. Conducir a 112 KPH con vientos cruzados de hasta 40 KPH sin caerte o salir del canal.

b. Hora, mes, lugares y circunstancias en que hay más accidentes involucrando motos, sus causas y como prevenirlos.

c. Utilizar la fuerza centrífuga a favor para evitar un accidente en las curvas.

d. Rol que juega el dibujo y profundidad de los surcos del caucho para desplazar el agua, barro, polvo o nieve y cual dibujo utilizar en cada caso.

e. Porcentaje de efectividad de los frenos trasero y delantero en relación a la velocidad, peso, volumen de la moto y condiciones de la carretera.

f. Como calcular la velocidad máxima segura en cada caso y distancia del vehículo que precede.

g. Forma en que el cuerpo humano procesa el alcohol y cuánto tiempo debemos esperar antes de montar moto luego de cada trago de licor.

h. Una de las preguntas en el examen teórico fue: Si vas conduciendo por una zona residencial y de repente se te atraviesa una pelota en la vía que haces. ¿Esquivas la pelota o frenas bruscamente? La respuesta es frenar bruscamente porque detrás de una pelota siempre viene un niño.

En fin, lo importante es que aunque uno crea que se las sabe todas, siempre hay algo por aprender. Eso pasa con respecto a nuestra cultura ciudadana. Pensamos que sabemos y en realidad nos falta mucho por conocer.

El venezolano es ignorante sobre temas que en otros países son ampliamente conocidos por el grueso de la población. Desde economía y leyes hasta ciencia, psicología y productividad.

Aprendí de mi esposa que una gota de aceite contamina un litro de agua. Ella vacía el aceite en un recipiente con tapa y luego seca el sartén con papel absorbente antes de lavarlo. Tanto el aceite usado como el papel se botan en un contenedor de basura apropiado. En el Estado de la Florida hay tres servicios de recolección de basura, uno para la basura desechable, otro para la reciclable y un tercero para retirar cosas grandes como escombros, colchones, troncos, etc. En Venezuela aunque estés consciente que una gota de aceite contamina un litro de agua y que utilizar el mismo aceite en más de una ocasión lo hace dañino, puede que no te importe porque el aceite es caro, no hay papel secante, no hay servicio de recolección de basura reciclable y a veces ni siquiera hay agua para lavar el sartén. He visto en la carretera de la costa entre Anzoátegui y Sucre como las mujeres que venden empanadas al borde de la vía botan el aceite usado en un riachuelo que desemboca al mar, donde también lavan las pailas sucias.

En Venezuela se entregan licencias de conducir a personas que no conocen la Ley de Transito Terrestre. Permisos para portar armas de fuego a quienes no conocen de leyes penales, manipulación del arma o haber probado siquiera saber desarmar y limpiar una pistola. Permisos sanitarios a vendedores de alimentos ambulantes que desconocen los riesgos de contagiar enfermedades por mala manipulación. Créditos a agricultores que nunca han sembrado una semilla ni demostrado calificación para ello.

Casos de ignorancia colectiva en Venezuela sobran. Podríamos hacer una enciclopedia y nos quedamos cortos pero hay uno en especial que vale la pena mencionar; Durante 51 años la moneda venezolana ha perdido poder adquisitivo sin que los ciudadanos sepan el motivo, conozcan el origen de la inflación o aprendan un poco de economía.

El poder adquisitivo se ha perdido hasta el año 2.016 de la siguiente forma según cada grupo político que ha gobernado:

20 años de Acción Democrática 536%.

10 años de COPEI 153%.

5 años de Convergencia 936%.

16 años del PSUV 30.589%.

En el año 1.980 un millón de Bolívares (Bs. 1.000.000) compraba DOSCIENTOS TREINTA Y DOS MIL DOLA-RES CON CATORCE CENTAVOS (US$ 232.558,14) de los Estados Unidos de Norte América. Igual cantidad de Bolívares en el año 2.017 equivale a Veintinueve centavos de Dólar (US$ 0,29).

Bs. 1.000.000,00 dividido entre 4.30= US$ 232.558,14. A ese millón de Bolívares le quitas ahora los tres ceros que eliminaron a la moneda durante el gobierno de Chávez para hacerla "Fuerte" y se te convirtió en Bs. 1.000,00.

Bs. 1.000,00 dividido entre Bs. 3.500 que es lo que es el valor de un Dólar en el mercado libre para Enero del año 2.017, quedan VEINTINUEVE CENTAVOS DE DÓLAR (US$ 0,29) y el venezolano aún no sabe que es lo que genera inflación y devaluación.

Dicen que el Dólar subió, que los productos están mas caros, sin entender aún que fue el valor del Bolívar lo que disminuyó.

EL BOLIVAR FUE EL QUE SE PUSO DEBIL porque el gobierno le quitó el respaldo y fabricaron mucho papel moneda. Eso es triste y más triste aún es que el ministro de economía tampoco lo sepa.

El Presidente de la República para el año 2.016 Nicolás Maduro, cuya preparación educativa no fue mas allá de aprender a manejar autobuses, creó un Ministerio de Economía Productiva y nombró a un sociólogo de nombre Luis Salas como Ministro, quien dijo lo siguiente:

"La guerra económica es la reacción del sistema capitalista para conjurar el germen socialista que lo amenaza", mientras que al referirse a la inflación destacó que "la inflación no existe en la vida real".

Si eso lo dice el Ministro de Economía ¿Qué se puede esperar del pueblo?

Ante tal disparate uno de los mejores comentarios que leí en la prensa sobre la noticia fue dado por un señor de nombre Francisco Herrera Ramos, quien escribió; "Este es el Gobierno de los record mundiales. Cuando uno cree que no es posible una estupidez mas grande, salen estos genios de la dictadura y rompen su propio record con una mayor".

Al final de este libro hay una breve descripción de lo que es la inflación para aquellos que estén interesados en leerla. Lo triste es saber que una moneda llamada "Bolívar" representaba 0.29 gramos de oro canjeable en cualquier parte del mundo, ahora no tiene respaldo en oro y vale menos que el papel higiénico.

El oro pasó a ser un activo del gobierno y el papel moneda un medio de pago no canjeable en metálico.

Parte del problema es la dificultad de enseñar a un pueblo arrogante. Militares quiebran empresas por gerenciar industrias que no conocen. Directores de Ambiente envenenan perros de la calle y luego botan los cadáveres a la playa o el río. Jueces toman decisiones políticas desconociendo la ley y la justicia. Eso es gente ignorante en el PODER y no hay nada más peligroso que el poder en manos de la ignorancia. El poder es en Venezuela, más importante que la virtud. A veces entiendo a los profesores que no se preocupan en transmitir su conocimiento porque no puedes ayudar a quien no quiere ayuda, sólo poder.

DESEMPEÑO PROFESIONAL

Luego de observar nuestra educación social y académica básica, pensaríamos que es imposible educar gente buena, pero no es así. También hay buenos profesionales, aunque como mencioné al principio lamentablemente son minoría. En el país hay sólo dos tipos de profesionales; el excelente y el mediocre que avergüenza a cualquier gremio.

En todo el mundo hay trabajadores buenos, medios y malos, pero la diferencia entre el bueno y el malo pareciera no ser tan grande como en Venezuela.

En la sección de los excelentes podemos encontrar personas que por alguna razón escogieron bien su carrera u oficio y además de tener habilidades les gusta lo que hacen. Básicamente podemos separar los buenos de los malos en dos grupos:

Grupo bueno: aquel que ama su carrera y la ejerce con pasión aportando beneficios a la comunidad, consciente de que la retribución económica es consecuencia directa de su buen desempeño.

De la minoría educada en Venezuela, salen venezolanos extraordinarios en su especialidad, quienes han aportado beneficios a la comunidad. Ellos son la minoría de la minoría. Por nombrar unos pocos podemos mencionar a Andrés Bello, Andrés Eloy Blanco, Ana María Carrasco, Arturo Uslar Pietri, Alejandro Carrasquel, Carlos Cruz Diez, Carl Herrera, Carolina Herrera, David Concepción, Domingo Luciani, Doris Wells, Emilio Lovera, Eugenio Mendoza, Fermín Mármol León, Francisco de Miranda, Gabriela Montero, Gustavo Dudamel, Henry López Sisco, Humberto Fernández Morán, Jacinto Convit, José Antonio Abreu, Johnny Cecotto, José María Vargas, Julio César León, Miguel Cabrera, Lorenzo Mendoza Fleury, Luis Aparicio, Luis Razetti, Lupita Ferrer, Madre María de San José, Rafael Vidal, Rómulo Gallegos, Rubén Limardo, Simón Bolívar, Simón Díaz, Teodoro "Teo" Capriles, Teresa Carreño y Tito Salas por ejemplo.

Grupo malo: Son los que utilizan el título Universitario o conocimientos del oficio para hacer negocios sin importar las consecuencias. Su prioridad es hacer dinero u obtener poder antes que aportar beneficios a la sociedad.

Aquí podemos nombrar desde el cura de San Mateo, hasta Carlos "El Chacal" pasando por el Conejo y el Pran de la Penitenciaría Nacional, varios expresidentes de Venezuela, diputados, senadores, jueces, policías, fiscales, alcaldes etc.

Al graduarme de abogado, el padrino de la promoción dijo algo interesante;

El título de abogado es un arma de doble filo con el que puedes hacer justicia en beneficio de la sociedad o por el contrario causar mucho daño para obtener un beneficio económico personal.

Eso aplica a todas las profesiones. Entre los tramposos y mediocres hay casos que involucran abogados, ingenieros, médicos, militares, políticos, comerciantes, policías y casi cualquier otra profesión que se pueda ejercer en el país. En lugares como Japón, Noruega, Suecia, Dinamarca y Nueva Zelanda por ejemplo, las estadísticas de fraude son casi inexistentes. Todo lo contrario a Venezuela donde cada venezolano puede contar la historia de alguien que le hizo o quiso hacer trampa a él, a su familia o a algún allegado. Es una especie de falta de virtud colectiva.

Desde la década del 2.000, debido a la presión que ejercieron los malos políticos para dividir a la población entre seguidores y no seguidores del socialismo, la sociedad venezolana se dividió en dos grupos; Chavistas (seguidores de Hugo Chávez) y opositores.

Los pro-comunistas chavistas visten de rojo, alaban al gobierno y rechazan a los venezolanos que no están en su grupo tildándolos de aprátidas, escuálidos y cachorros del imperio, (Refiriéndose a los Estados Unidos). Y el grupo contrario rechaza el color rojo, el comunismo y tilda a los comunistas como la Gran CACA o Grupo Caca. (En referencia a los CAmaradas CAstristas).

A raíz de esa separación política, nació una nueva deformación profesional. Cuando un periodista venezolano ejerce su profesión, sabemos al escuchar o leer las primeras frases si es del gobierno o de la oposición. Es difícil en el año 2.017 ver un periodismo informativo sin tendencia política. El periodismo al igual que el ejercicio de muchas profesiones en Venezuela, también es mediocre con una pequeña minoría de excelentes comunicadores.

En el ámbito médico, conocí el caso de un niño a quien le extrajeron la apéndice en buenas condiciones y otro de un traumatólogo que abrió, cosió y posteriormente colocó yeso al brazo de un niño para hacer ver que lo operaba, cuando en realidad se estaba robando las piezas de titanio que llevó el padre para la operación. Meses después, aún con el brazo torcido el padre lo llevó a otro médico y luego de observar la radiografía con el brazo aún torcido notaron que el niño nunca fue operado. No hay nada más peligroso que un médico con deudas.

Casos sobran en Venezuela. Cosas que antes eran noticia como el asesinato que cometiera el padre Viaggi o el negocio que hiciera el Ministro Vinicio Carrera, pasaron a ser cosa común. Cada día hay más delincuentes independientemente de su profesión. Militares, policías, jueces, fiscales del Ministerio Público, políticos y empleados públicos en general están tan desacreditados que en vez de generar confianza generan malestar en la población. Cuando un individuo honesto que no tiene nada que ocultar conduce tranquilo en su vehículo y ve una alcabala, bien sea de la policía o la Guardia Nacional de asusta. En vez de sentirnos protegidos pensamos que nos van a extorsionar.

Esas cosas sólo pasan en un país de malos profesionales en diversas ramas de la sociedad. Para que un médico extraiga una apéndice sana, un ingeniero civil construya sobre un terreno no apto o un militar trafique drogas y no pase nada es porque tampoco hay buenos policías, fiscales, abogados ni jueces que impongan castigo y hagan justicia. Es una sociedad sin virtud. Los buenos profesionales en Venezuela son una pequeña isla en medio de porquería humana.

EMPLEADOS PÚBLICOS

Muchos de los empleados públicos venezolanos, no han pasado por la Escuela Secundaria y mucho menos por la Universidad, incluyendo al actual presidente de la República. Ellos han aprendido en la escuela de la vida, o sea, la educación ciudadana sin virtud impartida en las calles de Venezuela, donde la viveza y el poder son el mayor baluarte de la ciudadanía.

Henry Lord Boulton siendo presidente de Avensa (extinta Línea Aérea) refiriéndose a los empleados públicos decía; en Venezuela hay sólo dos tipos de funcionarios públicos, el emprelítico y el envidioso.

Emprelítico: es aquel funcionario que está pendiente de hacer negocios con su cargo, usando la política para el comercio. Cuando un particular requiere hacer un trámite en el gobierno, ese empleado público busca siempre la oportunidad de ganar dinero por medio de la corrupción.

Envidioso: es el empleado público quien por sus condiciones laborales y sueldo de hambre, al ver un profesional exitoso en el sector privado, siente envidia e impone el poder para nivelar a su contraparte. Algo así como: "Tu tendrás dinero pero yo tengo poder". Entonces el empleado público solicita que le rindan pleitesías para llenar su ego. Cosas como: "Habla con mi asistente para ver cuando puedo atenderte". "Pásate el mes que viene". "La semana que entra salgo de viaje, nos vemos cuando regrese". "Dejar esperando a los administrados varias horas antes de atenderle", etc.

Hay una regla infalible: A mayor cantidad de requisitos mayor posibilidad de corrupción o imposición de poder.

La escritora Ruso Americana Ayn Rand escribió lo siguiente;

"Cuando adviertas que para producir necesitas obtener autorización de quienes no producen nada; cuando compruebes que el dinero fluye hacia quienes trafican no bienes, sino favores; cuando percibas que muchos se hacen ricos por el soborno y por influencias más que por el trabajo, y que las leyes no te protegen contra ellos, sino que por el contrario son ellos los que están protegidos contra ti; cuando veas que la corrupción es recompensada y la honradez se convierte en un autosacrificio, entonces podrás afirmar sin temor a equivocarte, que su sociedad está condenada."

Ayn Rand

No hay duda que la sociedad venezolana está condenada desde hace muchos años. Ya Simón Rodríguez decía estas frases;

"El hombre no es ignorante porque es pobre, sino todo lo contrario".

"Al que no sabe, cualquiera lo engaña. Al que no tiene, cualquiera lo compra".

"Enseñar es hacer comprender; es emplear el entendimiento; no hacer trabajar la memoria".

"El maestro de niños debe ser sabio, ilustrado, filósofo y comunicativo, porque su oficio es formar hombres para la sociedad".

"Nadie hace bien lo que no sabe; por consiguiente nunca se hará República con gente ignorante, sea cual fuere el plan que se adopte."

Su alumno, nuestro Libertador Simón Bolívar, quien por cierto aprendió bien la lección dijo:

"Un pueblo ignorante es instrumento ciego de su propia destrucción".

Años después, Don Rómulo Gallegos en respuesta a un grupo de banqueros franceses sobre la oferta que estos hicieran de otorgar préstamos en Venezuela, escribió; El venezolano es un individuo de doble moral. En su casa es un buen padre de familia, buen hijo, buen esposo, acude a misa, es responsable y pregona honestidad, pero cuando ejerce un cargo público no duda en llevarse desde un simple bolígrafo hasta el dinero del presupuesto.

En los doscientos cinco años (205) que han transcurrido desde la independencia de Venezuela, se ha mantenido y en algunos casos agravado, la ignorancia colectiva de la Nación. Los grandes impulsores de esta quiebra moral y económica del país, son precisamente los empleados públicos, quienes por ambición e ignorancia arrastraron también a la sociedad civil. Al no haber separación de poderes (Legislativo, Ejecutivo y Judicial), al no tener justicia ni elementos que obliguen a respetar la ley, cada quien hace lo que le da la gana e impera el poder individual.

En 205 años ha habido 69 cambios de gobierno, entre los cuales 11 personas permanecieron en el poder por seis (6) años o más, totalizando entre ellos 101 años de mandato. Ellos son; Simón Bolívar, Antonio Guzmán Blanco, Joaquín Crespo, Cipriano Castro, Victorio Márquez Bustillos, Juan

Vicente Gómez, Rómulo Betancourt, Rafael Caldera, Carlos Andrés Pérez y Hugo Chávez. El resto de los mandatarios han estado poco tiempo, excepto los de la era democrática después de 1.958, quienes duraron 5 años en los casos que no repitieron gobierno. O sea 59 cambios de gobierno en 104 años. Dividiendo 104 años entre 59 mandatarios tenemos un promedio de un año, siete meses y 15 días para cada uno. Por su puesto que no fue así, ya que algunos presidentes duraron un mes, otros dos días, unos 4 años y así, pero es un reflejo de la inestabilidad política de Venezuela.

En un país donde todos quieren tener el poder, no es fácil mantenerlo. Los presidentes se dan la tarea de eliminar a sus adversarios, rodearse de ineptos dispuestos a estar siempre bajo su sombra y embrutecer al pueblo para permanecer en el cargo. Reparten algo de poder a sus más fieles seguidores para motivarlos a hacer todo aquello que sea necesario en apoyar al régimen de turno.

Ya el abogado y Comisario de la Policía Técnica Judicial, Fermín Mármol León, narró en su libro "Cuatro Crímenes, Cuatro Poderes", como impera el poder ante la justicia. Cualquiera de los poderes, político, económico, militar o eclesiástico, era desde el siglo pasado más importante que la justicia.

Siendo que los empleados públicos de mayor rango no respetan la ley ni el erario público, los subalternos hacen lo mismo en la medida de sus posibilidades y al final todos terminan abusando y robando.

Existe una relación directamente proporcional entre la ignorancia y la admiración. Mientras más ignorante es un pueblo, mayor admiración, respeto y obediencia siente por su líder. En Venezuela la gente es tan ignorante que siente admiración por cualquier persona que haya aparecido en televisión, tenga dinero o poder. Algunos incluso rezan y piden milagros a la imagen de Hugo Chávez.

De los expresidentes mencionados podríamos seleccionar a muchos como ejemplo de querer quedarse en el poder, pero vamos a nombrar solo tres;

Rómulo Betancourt: Fundó el Partido Político "Acción Democrática", fue dos veces Presidente de la República y se quedó de presidente de la organización hasta el día de su muerte. Dirigía el partido a su antojo y haciendo caso omiso de la Constitución Nacional no permitió elecciones de Alcaldes, Gobernadores ni diputados nominales al Congreso o Asambleas Legislativas para colocarlos a dedo según su conveniencia. Lo llamaban "El Caudillo".

Rafael Caldera: Fundó el Partido Político "Social Cristiano COPEI". Fue dos veces Presidente de Venezuela. Al igual que el anterior manejaba la organización a su conveniencia. Cuando vio que los miembros del partido querían cambios generacionales y dos de sus seguidores, Oswaldo Álvarez Paz y Eduardo Fernández estaban obteniendo apoyo popular para un cambio de liderazgo, los vetó e inició un nuevo partido político para ser él de nuevo el candidato a la presidencia en vez de sus pupilos. Al igual que Rómulo Betancourt, no permitió en su primer gobierno elecciones de Alcaldes, Gobernadores ni diputados nominales al Congreso o Asambleas Legislativas para colocarlos a dedo según su conveniencia.

Hugo Chávez: Siendo un oficial del Ejercito, traicionó su juramento militar de no utilizar las armas contra el pueblo. Robó fusiles, municiones y tanques de guerra a la Nación para intentar un golpe de estado en contra del entonces Presidente Carlos Andrés Pérez. Chávez y sus seguidores dispararon contra el pueblo, policías y soldados. Murió gente inocente, fracasó en su intento de obtener el poder y fue preso. Rafael Caldera en su segundo mandato le concedió el perdón y lo dejó en libertad con derechos políticos. Chávez fundó un partido político y ganó en elecciones libres, pero luego alteró todo el funcionamiento del Estado para permanecer en el poder indefinidamente. Cosa que hizo hasta el día de su muerte. Los llamados 'Chavistas" repiten la frase de Simón Bolívar "Maldito el soldado que dispare contra el pueblo", pero si fue Chávez el que lo hizo, entonces está bien. El mismo Chávez con todo descaro insultaba a la oposición llamándolos golpistas.

Tres presidentes, tres tendencias políticas y un solo objetivo; El Poder.

El fallecido humorista y artista plástico venezolano Pedro León Zapata decía: Nadie se mira su rabo.

El venezolano es como los adictos, quienes son los últimos en aceptar su problema. Si tu le dices a alguien en Venezuela que tiene problemas con el alcohol la conversa sería algo así.

Amigo

Mi Sargento, anoche se pasó en la fiesta.
Vomitó a la cumpleañera.

Borracho

Jajaja si, ese whiskey estaba adulterado,
pero gozamos una bola.

Amigo

Nosotros. Porque su esposa puso la cara e Cuaima desde
que usted se sirvió el primer trago. Esa estaba con ganas

de irse temprano, porque la semana pasada usted y que había puesto la cómica en otra fiesta, dijo.

Borracho

No me jodas. Bueno y pa qué va conmigo si sabe como soy.

Amigo

¿Y usted no cree que debe tomarlo con calma mi Sargento?

Borracho

¿Cómo con calma? Yo lo tomo con soda.

Amigo

Tomar menos digo, por lo menos cuando está con ella en una fiesta.

Borracho *(En tono alto)*

Un momentito. Párame eso ahí.
Anda a joder a otro que yo ni soy borracho ni alcohólico ni tengo problemas de bebida.
CON MI TRAGO NO TE METAS.

Fin de la conversa.

Repitiendo la frase de Simón Rodríguez; "Al que no sabe, cualquiera lo engaña. Al que no tiene, cualquiera lo compra".

Hasta hoy, año 2.016, los líderes en Venezuela engañan y compran consciencias del pueblo para obtener poder mediante un cargo público.

EMPLEADO PÚBLICO MILITAR

Los estudiantes de la Escuelas Militares en Venezuela no escapan de haber tenido una educación deficiente y crecido en un ambiente sin virtud. A menos que los muchachos hayan hecho el bachillerato en un Liceo Militar, de los cuales hay muy pocos, no tienen idea de cómo es el ambiente castrense ni la profesión. Al igual que en otras carreras, estudian sin vocación. Cuando preguntas a militares en Venezuela por qué estudiaron esa profesión, la mayoría responde "Por que era la única opción", "Quería ser alguien en la vida y esa era mi oportunidad". En todas las profesiones, las personas que estudian quieren ejercer sus conocimientos. El médico cirujano quiere operar, el ingeniero construir edificaciones, el artista realizar obras y así por el estilo. Lamentablemente, el genérico de los militares venezolanos no quiere ir a la guerra. Se preparan para algo y luego rezan toda la vida por no hacerlo.

Puede ser por falta de vocación, patriotismo, apoyo, preparación u otro motivo, pero a diferencia de militares en otras culturas y países los venezolanos sólo pareciera que estudian esa carrera para obtener prestigio y poder. Hoy en día hay militares venezolanos que tienen más condecoraciones que el General Norteamericano George Patton, comandante del teatro de operaciones en Europa y el Mediterráneo durante la segunda guerra mundial, y aún así nunca han ido a una guerra.

A lo largo de mi vida y por diversas razones he tenido contacto con militares de Venezuela y los Estados Unidos. En USA da gusto ver el patriotismo y deseo de hacer cualquier cosa por defender la patria y sus ideales. He conocido militares que se ofrecen como voluntarios para ir a la guerra sin esperar que los llamen. Admiro el respecto que existe entre los integrantes de las Fuerzas Armadas Norte Americanas por su nivel profesional. Los superiores respetan y protegen a los subalternos, quienes en muchos casos tienen profesiones, habilidades y conocimientos de los cuales depende una misión. Tareas que el mismo oficial superior no podría realizar.

En Venezuela por el contrario he visto, al igual que en los colegios e universidades como el superior trata de forma muchas veces irrespetuosa y desconsiderada al subalterno. También oficiales inventado excusas o enfermedades para no ir a una misión incómoda.

Las escuelas militares venezolanas primordialmente enseñan tres cosas;

1- Sentir miedo al castigo del superior.

2- Obediencia.

3- Disciplina.

Por supuesto que luego de obedecer a tantos superiores, la satisfacción máxima después de un ascenso es mandar. Los oficiales venezolanos no pueden ocultar la cara de satisfacción y orgullo cuando un soldado se para firme al frente y sonando las botas les dice "A su orden mi capitán".

Esos militares no están académicamente preparados para gerenciar y lo han demostrado a través de la historia. Su deformación profesional les impide razonar entre las variables. O es blanco o es negro. No hay matices y mucho menos colores. Una orden se debe cumplir tal y como fue dada. No importa como, hay que hacerlo y ya. En tanto que los gerentes analizan diversas posibilidades, pueden proponer cambios a la orden inicial, planifican y luego ejecutan.

Si a un ingeniero y a un teniente les preguntas cómo harían para levantar un poste sin ayuda de maquinaria industrial, es muy probable que estas serían las respuestas;

Respuesta del Ingeniero: Luego de analizar el peso y dimensiones del poste, revisaría la rigidez del suelo para utilizarlo como punto de apoyo. Perforaría un hoyo para que caiga la base. Buscaría guayas, mecates, una polea y un grupo de hombres que hagan la fuerza.

Respuesta del Teniente: Mando al Sargento que lo levante.

Como todo en la vida existen sus excepciones, pero la gran mayoría de los militares que han colocado en cargos públicos destinados a profesionales de otras ramas lo hacen mal. Hasta ahora, los políticos entregan cuotas de poder a los militares para mantener su estabilidad política y permanecer en la presidencia pacíficamente. Es una especie de soborno aceptado por la ignorante sociedad venezolana. Los militares son colocados en la Aviación Civil, Marina Mercante, Sector Aduanero, Banca, Alimentación, Industria Petrolera, Siderúrgica etc. y en todas hacen una gestión deficiente. Los Empleados Públicos no están acostumbrados a producir bienes o servicios, ellos reciben un salario el 15 y último de cada mes, independientemente de que trabajen o no. Pueden estar de vacaciones, reposo, permiso o en curso e igual perciben su salario. No saben lo que es producir para pagar alquileres, nómina, servicios, etc. y mucho menos competir en un mercado de libre competencia a base de calidad, precios y buen servicio.

Es los años 94 en adelante, estando yo en la industria de la aviación civil venezolana, sólo del sector aeronáutico exigían 32 permisos para poder despegar un avión comercial con pasajeros. Pero esos permisos o licencias no tenían valor alguno si el militar encargado de la "Dirección General Sectorial de Aviación Civil" no autorizaba el vuelo.

Si en un día de fin de semana o cualquier otro con gran afluencia de turistas queríamos hacer un vuelo adicional para llevar o traer pasajeros en la ruta Isla de Margarita - Maiquetía, habiendo personas en el aeropuerto anotadas en lista de espera ansiosos de comprar su boleto y viajar no podíamos llevarlos porque las siguientes licencias otorgadas por el Estado;

1- Permiso de operador de Línea Aérea.

2- Matrícula del avión.

3- Licencia de los pilotos.

4- Licencia de aeromozas.

5- Licencia del despachador de vuelo.

6- Licencia de los mecánicos.

7- Licencia del controlador aéreo.

8- Licencia para operar aeropuertos.

9- Itinerario y rutas autorizadas.

No facultan a la línea aérea, pilotos, mecánicos, aeromozas, despachadores de vuelo, controlador aéreo o director del aeropuerto a realizar una operación comercial, a menos que el militar de turno diera a esa hora vía fax su autorización. Teníamos entonces un día Domingo en la noche por ejemplo que ubicar al personaje de turno, quien a lo mejor estaba haciendo una parrilla en su casa o descansando para que autorizara el vuelo adicional. Ese acto burocrático es una simple demostración de poder que frena la productividad y libre competencia. Una vez obtenido el permiso a cualquier hora de la noche, podíamos empezar a vender boletos para hacer el vuelo.

Esa demostración improductiva de fuerza ocurre en todos los sectores industriales y comerciales venezolanos, donde esté a la cabeza un militar.

En esa misma época me encontraba junto a mi amigo José Augusto Azpúrua Gázperi esperando ser atendido por el General de Brigada de la Aviación Militar Venezolana, Director General Sectorial de Aviación Civil, y en la misma sala de espera estaba un Teniente Coronel retirado de la Aviación, quien también había pedido una audiencia con el General. La espera fue larga y conversamos bastante. Cuando habíamos agarrado un poco de confianza, el Tte. Cnel. nos dijo; "ese General es un animal". A lo que José Augusto preguntó; Y si es así de bruto, ¿Cómo llegó a General?. El Tte. Cnel. respondió, "te lo voy a poner gráfico para que me entiendas clarito. Un día se encontraba un águila posada majestuosamente sobre el Pico Bolívar, y en eso vio una culebra llegar al tope. El águila extrañada le preguntó a la culebra. ¿Qué haces aquí? ¿Cómo llegaste a la cima? A lo que la culebra respondió "arrastrándome". Hay dos formas de llegar al generalato prosiguió el Tte. Cnel., elegantemente como el águila o arrastrándote como la culebra.

Los militares deben estar en los cuarteles listos para defender la patria y los civiles encargados del área productiva para la cual se hayan preparado.

El entrenamiento militar venezolano deja tanta huella en el cerebro humano, que se puede militarizar a un civil, (los que llaman asimilados) pero es imposible civilizar a un militar.

IGNORANCIA PRESIDENCIAL

Paradójicamente a lo expresado en el artículo anterior, de todos los presidentes de Venezuela, sólo dos han hecho una buena gestión económica y ambos eran militares. Ellos fueron Juan Vicente Gómez y Marcos Pérez Jiménez. Entre los dos más nefastos e ineptos económicamente también está un militar Hugo Chávez Frías junto a un chofer de autobús Nicolás Maduro.

Juan Vicente Gómez promovió el cultivo y exportación de café y cacao. Al final de la Primera Guerra Mundial, en el año 1.918 se registró la mayor exportación de café jamás lograda en Venezuela. En 1.930, Juan Vicente Gómez finalizó el pago de la deuda externa, que el país venía arrastrando desde los días de la emancipación. Venezuela se convirtió entonces y durante muchos años, en uno de los pocos países del mundo que no tuviera deuda externa alguna. El Presidente decretó además un subsidio de Diez millones de Bolívares (Bs. 10.000.000), una alta suma para la época como ayuda a los agricultores, debido al mal estado de algunas fincas, por el sostenido bajo precio de los frutos en los mercados mundiales. El Bolívar era una moneda fuerte y su paridad cambiaria con relación al Dólar Norte Americano era de 1 a 1. Un Bolívar por un Dólar.

Marcos Pérez Jiménez, aunque fue miembro de la Junta Militar previa a su mandato, estuvo realmente encargado de la Presidencia de la República, desde el 19 de Abril de 1.953 hasta el 23 de Enero de 1.958. Durante ese período (4 años y 9 meses), incrementó mediante concesiones la producción petrolera de 1.8 a 2.8 millones de barriles diarios. El crecimiento de la economía venezolana de 1.952 a 1.958 fue de 60 %. El más alto del hemisferio occidental, por encima de potencias como Estados Unidos y el Reino Unido. Por medio de la construcción de infraestructura como hospitales, universidades, autopistas, viviendas, escuelas, etc., entre 1.952 y 1.956 aumentó el empleo en 21%, medido según el índice de ocupación en el Área Metropolitana de Caracas llevado por el Banco Central de Venezuela. El presupuesto nacional ascendió de 21.038 a 32.628 millones de Bolívares, mientras que la inflación anual más alta registrada durante su periodo ocurrió en 1.956, con 1,4%. El Bolívar era una moneda fuerte y estable, su valor era de 0.29 gramos de oro y su paridad cambiaria en relación al Dólar de los Estados Unidos de Norte América era de Bs. 3.35 por Dólar. El Bolívar era considerada como una de las monedas más fuertes del mundo ya que su valor dependía del valor del oro. A raíz del éxito económico de Marcos Pérez Jiménez, la revista norteamericana TIME en febrero de 1.955 lo nombra como; "Hombre del Año" apareciendo su rostro en la portada de la revista por ese mes "El Hombre TIME".

Al momento de la caída de Pérez Jiménez, la deuda externa e interna del país era pequeña y manejable. Ascendía a un total de 1.355 Millones de Bolívares.

Marcos Pérez Jiménez dejó al país en la cresta de una ola económica por la que surfearon los demás presidentes, hasta acabarse el impulso con Hugo Chávez Frías.

Los mandatarios posteriores a Pérez Jiménez actuaron como los pobres que se ganan la lotería y lo despilfarran en poco tiempo creyéndose invencibles, peor aún porque además de dinero tenían poder y una poblada de jala bolas aplaudiendo.

Esa necesidad de PODER que tiene el venezolano es individual y muy pocas veces compartida. Hay una frase bastante utilizada en Venezuela que dice: "Si no lo hago yo, no queda como yo quiero." Noten que el pronombre personal "YO" es redundante e innecesario en la frase y aún así se repite. El venezolano por lo general no delega, no trabaja en equipo y no se pone de acuerdo. Aún poniéndose de acuerdo no cumplen lo acordado. Si cuatro personas quedan en verse a las ocho de la noche, lo más probable es que a esa hora no llegue ninguna. Juntas de Condominio, Consejos Comunales, Asociaciones de Vecinos y grupos por el estilo son ineficientes en el país porque son más personas las que critican que los que trabajan. Son más los que quieren imponer su voluntad que los que analizan la propuesta ajena. Es el caso de la llamada MUD, donde están unidos los líderes de la oposición política para culminar con el gobierno de Nicolás Maduro, pero desunidos por la ambición que tiene cada integrante en ser el próximo presidente de la República. Es algo así como una sociedad de rivales.

ERRORES MÁS COMUNES POR IGNORANCIA PRESIDENCIAL

Abandonar obras iniciadas por sus antecesores. Los que llegaron al poder, empezando por Rómulo Betancourt no continuaron las obras de gobiernos anteriores. Entre las más destacadas que había iniciado Pérez Jiménez quedaron;

Los "túneles transmediterráneos" para conectar Caracas desde la Cota Mil (Av. Boyacá) hasta el Litoral Central.

El Helicoide que consistía en un centro comercial y exposición de industrias con hotel 5 estrellas, parque, club privado y un palacio de espectáculos. La originalidad de la obra era que los automóviles una vez ingresaran al Helicoide por medio de rampas, se encontrarían locales comerciales con estacionamiento. Estas rampas recorrerían 4 kilómetros en seis niveles bordeando la colina sobre la cual fue construida.

Edificio principal de la Zona Rental de la Ciudad Universitaria de Caracas, el cual seria el edificio más grande del mundo construido en concreto armado para la época y allí funcionarían las principales oficinas de la UCV.

Sistema Ferroviario Nacional – consistía en la construcción del Metro de Caracas, Maracaibo y San Cristóbal pasando por la vía férrea del recién planificado puente sobre el Lago de Maracaibo que llegaría al ferrocarril Barquisimeto Puerto Cabello.

Conclusión del "Plan Rotival" de 1.939, que planteaba la transformación de Caracas en "la París de América".

Hubo también un proyecto diseñado en el periodo de Pérez Jiménez para el desarrollo agrícola, en el cual un sistema de riego desde el Río Guárico serviría para producir alimentos para toda la población. Cada familia o dueño de parcela tendría lotes de terreno para producir en cantidad y garantizar así precios bajos al consumidor manteniendo al mismo tiempo un buen ingreso a nivel de clase media alta para el productor.

De otros mandatarios también dejaron sin concluir;

Represa de Yacambú iniciada hace 40 años. Hasta ahora le han entregado 1.500 millones de Dólares y cuando uno la compara con la Represa de las Tres Gargantas en China, siente asco por la mediocridad del empleado público venezolano.

Gallera Monumental de La Urbina.

Autopistas de Oriente y Occidente.

Desarrollos Turísticos de Higuerote, Canales de Río Chico, Islas de Coche, Cubagua y La Tortuga, Penínsulas de Paria, Paraguaná, Macanao y Araya.

Ciudad Sucre.

Sistema de riego agrícola por gravedad en el Estado Sucre.

Plantas para procesar yuca, pescado y palma en Bolívar, etc.

La gente ya acostumbrada a ver obras inconclusas, los llama ELEFANTES BLANCOS. Eso es un Elefante Blanco que dejó Caldera, Luis Herrera, Lusinchi u otro presidente.

Crear Burocracia

En el segundo gobierno de Rómulo Betancourt (1.959 – 1.964), se paralizaron obras eliminando empleos en la población. La solución fue ampliar la burocracia contratando gente en las oficinas públicas. Si antes había que llenar una planilla para hacer un trámite, ahora habría que llenar la planilla, pasarla a un funcionario revisor, comprar una estampilla, hacer que la sellen e introducirla en una taquilla especial. Cuando disminuyó el presupuesto, se incrementó la inflación y devaluó la moneda, los gobiernos no pudieron aumentar el salario de los empleados públicos en la medida de la inflación. Entonces si no le dabas una motivación a los funcionarios, no movilizaban tu solicitud. Había entonces que sobornar al que entrega la planilla, darle dinero al funcionario revisor, comprar una estampilla por encima del precio marcado, pagar al que la sella y entregarla con un billete debajo de la planilla al funcionario de la taquilla especial de recepción.

En un país donde se requiere permiso para todo, la corrupción se convirtió en el único medio capaz de movilizar la economía.

Por falta de presupuesto y exceso de burocracia, los servicios públicos comenzaron a ser muy deficientes. Trámites sencillos como sacar el pasaporte, cédula de identidad o licencia de manejar se hicieron tan engorrosos que comenzaron a aparecer gestores que hacían el servicio. Los gestores eran por lo general amigos, familiares o ex-empleados de la oficina de gobierno que tenían confianza con los encargados del trámite. Ellos por una suma de dinero te evitaban hacer largas colas, cumplir requisitos y llevar soportes. A la larga la mayoría de las personas contrataban gestores. Uno podía por ejemplo sacarse la licencia de 5to. grado (para manejar camiones sin saber conducirlos) o la cédula de soltero estando casado. Hasta el pasaporte venezolano lo han vendido a extranjeros por diez mil Dólares según denunció un empleado de cancillería. (Nadie cae preso. A veces despiden o encierran al que denuncia).

Esa política de generar empleo pagando a alguien para que abra un hueco en la mañana y a otro para que lo tape en la tarde no genera producción sustentable.

La burocracia genera corrupción. Hoy en día hay empleados públicos apodados como; Treinta por ciento (porque ese es el margen que cobra), Precio Justo (porque igual cobra el 30%), Pimentón (porque está en todos los guisos), Enchufado (por ser corruptos y estar ligado al gobierno), Lechuga verde (por cobrar sólo en Dólares) y la lista sigue.

Venezuela es el país que más Ministerios tiene en el mundo, treinta y dos (32) y siete (7) vicepresidencias. Pero sonríe que para eso crearon el Ministerio del Poder Popular para la Suprema Felicidad Social del Pueblo Venezolano.

Devaluar la moneda

La moneda se devalúa por falta de respaldo, excesiva emisión de papel moneda o desequilibrio fiscal.

Todos los gobiernos populistas desde Rómulo Betancourt hasta Nicolás Maduro hicieron irresponsablemente una o todas las anteriores.

Los dos casos más graves fueron en los gobiernos de Carlos Andrés Pérez y Hugo Chávez. La moneda venezolana representaba 0.29 gramos de oro, pero como todos los presidentes después de Marcos Pérez Jiménez imprimieron papel moneda sin comprar oro que lo respaldara se perdió el equilibrio. Para legalizar esa estafa, Carlos Andrés Pérez en su primer gobierno usurpó "legalmente" poderes ya que el Congreso le cedió su facultad de legislar y modificó la ley. Desde ese momento el Bolívar dejó de ser equivalente a 0.29 gramos de oro y pasó a ser un instrumento de pago con valor asignado por el banco, pero como todos los presidentes después de Marcos Pérez Jiménez imprimieron papel moneda sin comprar oro que lo respaldara se perdió el equilibrio. Para legalizar esa estafa, Carlos Andrés Pérez en su primer gobierno usurpó "legalmente" poderes ya que el Congreso le cedió su facultad de legislar y modificó la ley. Desde ese momento el Bolívar dejó de ser equivalente a 0.29 gramos de oro y pasó a ser un instrumento de pago. El oro que antes era de todos los venezolanos que portaran un Bolívar pasó a ser propiedad del Banco Central de Venezuela. Dejó la mesa puesta para la devaluación porque ya no había suficiente oro que respaldara el Bolívar a la paridad cambiaria a Bs. 4.30 por US$. No lo hizo él, pero dejó el problema de la devaluación a sus sucesores.

En otras palabras un día los venezolanos tenían oro en sus bolsillos y al día siguiente sólo cargaban papel o níquel.

Igual o peor hizo Hugo Chávez al usurpar "legalmente" la facultad de legislar que le cedió la Asamblea. Al verse imposibilitado de obtener mas dinero, le metió mano al oro que quedaba en el Banco Central de Venezuela. Modificó la ley eliminando la autonomía del Banco y le agregó como respaldo a la moneda "otros instrumentos financieros". (Sin establecer equilibrio alguno). Chávez pudo entonces vender o comprometer legalmente el oro que quedaba mientras seguían imprimiendo billetes. El Bolívar disminuyó su valor por haber más Bolívares circulando con menos oro que lo respaldara. Esos INSTRUMENTOS FINANCIEROS de respaldo a la moneda que agregó Chávez pueden ser bonos de deuda pública cubana por ejemplo. El Bolívar diminuyó su valor por haber más Bolívares circulando con menos oro u otros bienes que lo respaldara.

Los diputados ineptos e irresponsables, también delegaron sus funciones a Nicolás Maduro para que legislara en su nombre. Este modificó de nuevo el Art. 113 de la Ley del Banco Central y quedó tan amplio que ya no está claro cuales son la operaciones autorizadas que respaldan la moneda, incluyó además que el Banco no está obligado a emitir esa información.

Frenar la industria privada.

Cuando se regula demasiado la industria, ésta merma y si por el contrario eliminas normativas la industria crece.

El afán de controlar todo, por sed de poder ha llevado a que para transportar un saco de papas o café en Venezuela requiera pedir permiso. (Lamentablemente no es fácil obtenerlo y aún así la Guardia Nacional te quita la mercancía).

Los anteriores presidentes también eliminaron las Garantías Constitucionales referentes a la actividad económica, para controlar directamente la economía.

Para desarrollar la industria privada hay que dejar que la gente trabaje. Hay que fomentar la producción y libre competencia. Sin embargo los empleados públicos en Venezuela se inventaron el PVP (Precio de venta al público), PMVP (Precio Máximo de Venta al Público) y PJ (Precio Justo) para controlar la ganancia de los empresarios y según ellos la inflación. Disfrazaron el monopolio otorgando concesiones sólo a quienes les conviene. Promovieron la creación de sindicatos políticos con más fuerza que los dueños de empresas. Crearon leyes laborales que en nada benefician la productividad. Incrementaron los requisitos burocráticos haciendo cada vez más difícil la generación de empleos y riqueza desde el sector privado. Aún así continúan engañando al pueblo haciéndoles creer que Venezuela será un país próspero y desarrollado en los próximos años.

Luego del deslave y tragedia en Vargas en el año 1.999, Hugo Chávez dijo que en cinco años la zona iba a ser una "tacita de plata" para el turismo, pues no lo dijo claro o le faltó una letra, porque no era plata sino "PLASTA" lo que hizo de Vargas en ese lapso. Aún en el 2.017 no es una zona turística como Cancún en México o la Riviera Francesa.

Estos presidentes y demás empleados públicos coartaron la libertad de trabajar y producir eliminando así la posibilidad de generar una economía sana y productiva.

Si por ejemplo quieres sembrar caraotas y sacas todos tus costos; Alquiler de la tierra, maquinaria, semillas, abono, fertilizantes e insecticidas, obreros, sacos, riego, transporte, empaques, etiquetas, etc. y el resultado es que para producir una tonelada en seis meses debes vender el kilo de caraota en bolsa a Bs. 3.000 c/u. A un costo de Bs. 2.500 el kilo, esperas obtener una rentabilidad de quinientos mil Bolívares en seis meses de trabajo. Suena bien, hasta que el gobierno llega y te dice "La caraota está regulada en Bs. 350 el kilo". Si la vendes por encima del "Precio Justo" vas preso y te quitamos la cosecha. Así nadie trabaja. El gobierno es el primer y mayor enemigo de la productividad en Venezuela.

Como decía Ayn Rand, *"Cuando adviertas que para producir necesitas obtener autorización de quienes no producen nada, tu sociedad está condenada".*

BOTAR EL DINERO

Dar dinero a funcionarios públicos venezolanos es lo mismo que tirarlo a la poceta. Ellos utilizan el dinero del pueblo para beneficio personal o de sus allegados. Lo gastan a manos llenas como si fuese propio. No les importa ni les duele porque no se lo ganaron con trabajo y esfuerzo. Carlos Andrés Pérez y Hugo Chávez recorrieron el mundo haciendo turismo presidencial. Se dieron además el lujo de invitar a un gran número de familiares y amigos parásitos, alojándose en hoteles cinco estrellas y ser transportados en aviones privados.

El derroche de bienes nacionales ha sido tal, que lo difícil era quebrar un país rico con una población relativamente pequeña y lo lograron. Los expresidentes han regalado aviones, obras de arte, reliquias, mantenido económicamente a funcionarios extranjeros, obsequiado petróleo, construido casas y hospitales en otras naciones. Carlos Andrés inclusive regaló un barco a un país que no tiene mar. (El famoso Sierra Nevada obsequiado a Bolivia).

A diferencia de otros países, donde los partidos políticos realizan eventos para recaudar fondos, en Venezuela por el contrario hacen eventos para derrochar dinero. Hace unos años me tocó trabajar para una empresa privada de noticias y fuimos a cubrir un evento de Acción Democrática. Era una Romería Blanca en el Paseo Los Próceres. El evento consistía en atraer público vendiendo productos a precios de años anteriores. Regalaban bebida y comida por montón. Como desde el año 1.959 ha habido inflación anual, la diferencia era grande. Tuve acceso a la carpa principal donde estaba el llamado "Cogoyo" de Acción Democrática. En la cabecera de una gran mesa se encontraba el líder de la organización

Sr. Rómulo Betancourt, completamente vestido de blanco. El camarógrafo antes de hacer la toma con intención de cuidar la imagen del líder, retiró de su mesa la botella y el vaso de whiskey, a lo que el Sr. Betancourt se molestó diciendo; Ah, ah ah, con mi trago no te metas! Si quieres whiskey aquí hay bastante.

Eliminar la independencia de los tres poderes Ejecutivo, Legislativo y Judicial.

La idea original es que el pueblo vote por los diputados en forma directa y estos sean independientes para decidir de acuerdo a su consciencia en representación del pueblo que los eligió. Los políticos se idearon la forma de elegir diputados por lista para controlarlos. Una vez que los diputados llegaban al Congreso (ahora Asamblea), debían votar de acuerdo a las instrucciones del partido y no siguiendo principios de honestidad o conciencia. En vez de ser representantes del pueblo representan a un partido político. El Congreso (ahora Asamblea) elige al Contralor General de la República para que controle los actos de corrupción, al Procurador General para que defienda los intereses de la Nación, al Fiscal General para que acuse a los corruptos, a los miembros del Tribunal Supremo de Justicia para que los juzgue y a los integrantes del Consejo Supremo Electoral para que organice las elecciones o referendos. Ahora, si todos los diputados electos y funcionarios nombrados son amigos, panas, concañeros, compadres, socios, familia, amigos, militantes del partido y caimanes del mismo pozo garantizan la impunidad a todos los actos de corrupción y delitos que ellos mismos cometan. Teniendo un Contralor que no controla, un Fiscal que no acusa, un Tribunal que no juzga y un ente electoral que apoye, el guiso está completo. No hay mejor dictadura que eso.

Modificar nombres para hacer creer que hacen un cambio.

Es una manera de eludir responsabilidades sin investigar delitos o meter amigos presos por actos de corrupción y hacer como decimos en Venezuela "Borrón y cuenta nueva". Otros lo hacen para dejar huella. Dejan la misma gente, las mismas costumbres, la misma mediocridad, pero cambian de nombre, incluido el país.

Estados Unidos de Venezuela – República de Venezuela – República Bolivariana de Venezuela.

P.T.J. Policía Técnica Judicial – C.I.C.P.C. Cuerpo de Investigaciones Científicas, Penales y Criminalísticas.

DIGEPOL Dirección General de Policía – DISIP Dirección de Inteligencia y Prevención – SEBIN Servicio Bolivariano de Inteligencia Nacional.

Congreso Nacional – Asamblea Nacional.

Ministerio de Relaciones Interiores – Ministerio del Poder Popular para Relaciones Interiores, Justicia y Paz.

Parque Nacional El Ávila – Parque Nacional Waraira Repano.

Parque Rómulo Gallegos – Parque Rómulo Betancourt – Parque Generalísimo Francisco de Miranda y aún así todos los caraqueños lo conocemos como "Parque del Este".

Todo buen ignorante que se respete cree que con cambiar de nombre todo cambia.

Fueron corruptos

Al leer las leyes contra la corrupción se nota que de forma pública y notoria, una gran cantidad de empleados públicos han sido o son corruptos.

Copio sólo dos artículos de esta ley

Artículo 68.- El funcionario público que abusando de sus funciones, utilice su cargo para favorecer o perjudicar electoralmente a un candidato, grupo, partido o movimiento político, será sancionado con prisión de un (1) año a tres (3) años.

Este artículo es para haber llevado preso a Hugo Chávez cada vez que hacía cadenas presidenciales en Radio y Televisión haciendo propaganda a favor de su partido político PSUV. También por el uso que le dio a Venezolana de Televisión (Canal 8). Este artículo encaja para llevar preso a muchos empleados públicos corruptos del actual régimen de Nicolás Maduro quienes utilizan autobuses, dinero y otros bienes del estado para hacer propaganda política.

Artículo 67.- El funcionario público que abusando de sus funciones, ordene o ejecute en daño de alguna persona un acto arbitrario que no esté especialmente previsto como delito o falta por una disposición de la ley, será castigado con prisión de seis (6) meses a dos (2) años; y si obra por un interés privado, la pena se aumentará en una sexta (1/6) parte.

Del 67 no vale la pena siquiera poner ejemplos. Estoy seguro que ustedes saben que desde el policía o Guardia Nacional que dice "su carro va detenido" hasta el juez que llevó preso a Leopoldo López son corruptos. Esta ley fue reformada de nuevo en el año 2014 durante el Régimen de Nicolás

Maduro, dejando intactos estos artículos, el 67 pasó a ser 69 y el 68 al 70.

Apoyaron leyes que empobrecen al pueblo.

Los empleados públicos además de abandonar las obras o proyectos de sus antecesores, crear burocracia, devaluar la moneda, generar inflación, frenar la industria privada, botar el dinero, eliminar la independencia de los poderes, cambiar de nombre a las instituciones sin arreglarlas y ser corruptos también crearon una nefasta, complicada e inconveniente ley del trabajo que no beneficia a los trabajadores ni sus patronos.

El principio del legislador, entendiendo por legislador a: (empleados públicos dependientes de un partido político populista), es que el venezolano es un ser ignorante, primitivo, borracho, jugador e irresponsable que bota su dinero y por ende no se le puede entregar su salario completo. Por eso el patrono tiene que ahorrar en su nombre.

Para eso crearon la Ley Orgánica del Trabajo de la que están orgullosos los seguidores de Rafael Caldera. El objeto es proteger al trabajador de si mismo guardándole su dinero, porque como es un irresponsable si se lo entregan, lo gasta. Sus ahorros los recibirá al final de la relación laboral devaluados y demasiado tarde para invertir.

Lo explico de otra manera:

Si yo tengo un presupuesto de un millón de Bolívares (Bs. 1.000.000) para pagar el sueldo de un empleado al año, en muchos países el cálculo sería sencillo.

Bs. 1.000.000,00 dividido entre 12 meses es igual a Bs. 83.333,33 mensual. A eso le quito un 8% promedio que debe colocar el patrono y otro 8% que le descuentan por Seguridad Social y otros conceptos al trabajador. El empleado percibiría entonces setenta mil Bolívares mensuales (Bs. 70.000,00) por cada mes de trabajo. Mi presupuesto sigue siendo un millón de Bolívares al año.

Bs. 1.000.000 − 16% = Bs. 840.000 dividido entre 12 meses es igual a Bs. 70.000,00 de sueldo mensual.

En Venezuela el mismo trabajador percibiría solamente Bs. 10.480,35.

Para entenderlo deben saber primero lo que es la Unidad Tributaria.

UT o Unidad Tributaria es un mecanismo creado por el gobierno para joder al pueblo. Ellos saben que al generar inflación y devaluación de la moneda, el Bolívar no sirve para tasar impuestos y se protegieron creando un mecanismo multiplicador denominado "Unidad Tributaria". Cuando cobran o imponen multas no lo hacen en Bolívares sino en Unidades Tributarias. O sea que la multa no son Bs. 100, sino 100 UT. Ellos tienen el poder de decir cuantos Bolívares vale la Unidad Tributaria. Cada vez que generan inflación o necesitan más dinero le suben el valor a la UT. Cuando la inventaron en el año 1994 era equivalente a un Bolívar (Bs. 1,00 X UT) En el año 2016 su valor es ciento setenta y siete mil Bolívares (Bs. 177.000,00). Le quitaron 3 ceros a la moneda y ahora son Bs. 177,00 por cada Unidad Tributaria. En otras palabras, el gobierno inventó un mecanismo para defenderse de ellos mismos. Esos bichos no son pendejos, lo que son es malos.

Volviendo al tema de la Ley del Trabajo y el presupuesto de un millón de Bolívares por un año para un empleado.

Presupuesto disponible; Un Millón de Bolívares.

La Ley dice que debo alimentar al trabajador porque si le doy el dinero se lo gasta en otra cosa. Son 360 Unidades tributarias por cada mes trabajado. Un promedio de 26 días al mes.

Bs. 177,00 X 360 UT= Bs. 63.720,00 en Cesta Ticket o Bono Alimentario.

Bs. 63.720 al mes X 12 = Bs. 764.640,00 por comida al año.

A la suma de Bs. 1.000.000,00 le resto Bs. 764.640,00 para comida y nos quedan Bs. 235.360,00 en el presupuesto para el pago de salario.

La ley venezolana me obliga a ahorrar por el empleado para que este no se gaste su dinero en licor, prostitutas, juego o cosas innecesarias.

Debo guardar de su salario los siguientes montos:

15 días al año para que tenga dinero el día que salga de vacaciones.

30 días al año para que tenga dinero en las fiestas decembrinas.

60 días al año para que tenga ahorros el día que se retire.

Ese monto que debo ahorrar por el trabajador representa un 29,2% de su salario. O sea que en un año debo pagarle el equivalente a 15 y no doce meses. Lo que me queda en el presupuesto después de haber descontado la comida, lo divido entre 15 meses y medio para pagarlo en 12 meses.

Además de todo eso la Ley me exige pagar un;

11% del salario al Seguro Social

2% al Instituto Nacional de Cooperación Educativa

2% a la Ley de Política Habitacional.

Todo suma 44.20%.

Bs. 235.360,00 X 44.20% = Bs. 104.029,12 que debo pagar adicional al salario.

Bs. 235.360,00 – Bs. 104.029,12 = Bs. 131.330,88. Ese es el sueldo que puedo pagar al año para mantenerme en el presupuesto de un millón de Bolívares.

Por otro lado el gobierno le retiene al trabajador;

4% de Seguro Social.

1% de Ley de Política Habitacional.

Entonces tenemos;

Bs. 131.330,88 X 5% = Bs. 5.566,54

Bs. 131.330,88 – Bs. 5.566,54 = Bs. 125.764,24

Ese monto dividido entre 12 meses da un salario mensual de Bs. 10.480,35.

El día de sus vacaciones va a tener Bs. 4.837,08 para el disfrute de sus días libres y en Diciembre otros 10.480,35 Bolívares.

Ese es el salario máximo que le puedo dar a un empleado del sexo masculino con un presupuesto de un millón de Bolívares al año. (Bs. 1.000.000,00). Si es mujer en edad reproductiva, el salario es mucho menor con ese presupuesto, porque de salir embarazada debo pagarle seis meses de salario sin trabajar y tengo que prevenir el gasto de contratar una suplente.

Bs. 10.480,35 equivalentes a la tasa de hoy en el mercado negro del Dólar de Los Estados Unidos a DOS DOLARES CON NOVENTA Y NUEVE CENTAVOS (US$ 2,99) de sueldo mensual.

Esa Ley no genera productividad, produce al contrario sueldos de hambre, desmotivación y falta de consumo en la economía. Los empresarios no pueden imprimir billetes como el gobierno. Para tener mayor presupuesto deben producir y vender mas, pero si el pueblo no tiene dinero para comprar no hay a quien vender.

La historia ha demostrado que los verdaderos ignorantes, primitivos, borrachos, jugadores e irresponsables que botan el dinero son precisamente los Empleados Públicos Venezolanos que se han robado inclusive el ahorro de los trabajadores.

Algunos oficiales de las Fuerzas Armadas no recibieron sus ahorros por ser opositores de Chávez. Ex empleados de Petróleos de Venezuela y las Líneas Aéreas de Estado, Aeropostal y Viasa corrieron la misma suerte. Volvemos al principio de la educación sin virtud, donde aprendes que lo tuyo es tuyo siempre y cuando el que tenga poder no te lo quite.

Te hacen creer que el salario es tuyo y que tienes beneficios cuando por el contrario lo que realmente están haciendo es trabajar con tu dinero y quedárselo en algunos casos.

Muchos venezolanos todavía no entienden que si percibieran Bs. 70.000,00 por mes en vez de Bs. 10.480,35 tendrían una mejor calidad de vida. Algunos individuos aún prefieren recibir 10.480,35 Bolívares y que le guarden el resto. Pareciera que les da miedo ahorrar o invertir por su propia cuenta y cual niños quieren que sea el papá o gobierno y patrono en este caso quien lo haga en su nombre.

EMPRESARIOS Y COMERCIANTES

Al igual que los profesionales mencionados, en Venezuela han habido tanto empresarios como comerciantes trabajadores, creativos, honestos que son ejemplo de virtud, constancia y fortaleza. Como también hay ladrones de cuello blanco que se hacen pasar por empresarios o comerciantes.

Para empezar, vamos a separar a los empresarios de los comerciantes en dos grupos entendiendo como:

Empresario: Todo aquel que produce bienes o servicios.

Comerciante: Son los que revenden.

En otras palabras el empresario produce y el comerciante revende.

Ambos son complementarios ya que el empresario requiere de una cadena de comercialización y para eso está el comerciante.

Otra cosa que debemos tomar en cuenta es que la competencia leal de productos y servicios se hace en base al precio, calidad, garantía y servicio al cliente. Cuando por intervención del gobierno, el mercado se sale de esta norma, se distorsionan todos los anteriores. Tanto la relación precio-calidad, como la garantía y servicio al cliente pasan a un segundo plano.

Desde la época de Rómulo Betancourt, los empleados públicos eliminaron las garantías económicas establecidas en la constitución para manipular la economía a favor del gobierno, los partidos políticos o sus allegados, pero aún así empresarios y comerciantes tuvieron una época dorada en la que el poder adquisitivo del Bolívar era fuerte. El margen de ganancia fue elevado y en algunos casos no había mucha competencia. Se ganaba buen dinero revendiendo productos o fabricando artículos de diversa índole. Era un paraíso económico desde todo punto de vista. Los venezolanos éramos conocidos en Miami como los "indios Ta' Barato", porque al llegar a una tienda en la Florida preguntábamos ¿Cuánto cuesta? Y luego de saber el precio decíamos "Ta' Barato, dame dos. Muchos comerciantes compraban artículos en Miami para revender en Venezuela. Hicieron dinero con una ferretería, venta de repuestos para automóviles o negocios por el estilo. No hacía falta ser un erudito o tener habilidades especiales en los negocios, sólo haber estado ahí en el momento oportuno, trabajar y hacer negocios. Ese fue el paraíso llamado Venezuela.

Los honestos competían en función de precio, calidad, garantía y servicio al cliente. Los deshonestos competían en función del poder que ostentaban. Lamentablemente el grupo de los honestos ha venido disminuyendo considerablemente, bien sea por quiebra, cansancio o imposibilidad de trabajar bajo el régimen de estos gobiernos.

Los deshonestos por lo general eran socios de empleados públicos, les daban sobornos y aprovechaban la relación para eludir impuestos, obtener el monopolio del sector o recibir subsidios. Tuvimos años en que todo negocio que fuese resultado de una concesión del Estado estaba monopolizado dando pie a competencia desleal. Emisoras de radio y televisión, ferrys, marinas privadas, producción de alimentos subsidiados, importación de vehículos y otros rubros bajo regímenes especiales aduaneros, distribución y venta de combustibles u otros derivados del petróleo eran algunos de los negocios exclusivos de allegados al gobierno. Lo mismo sucedía para la exportación de café o carne por dar un ejemplo. Hubo un tiempo en que sólo el Grupo Cisneros podía importar computadoras, nadie más que CONFERRY podía tener ferrys para la isla de Margarita, sólo VIASA podía volar al extranjero y así por el estilo. Aún estamos en eso pero con la diferencia de que el monopolio y los subsidios pasaron de manos. Quien esté en el gobierno, utiliza el poder para eliminar la competencia

En las administraciones de Rafael Caldera y Carlos Andrés Pérez por ejemplo, se le daba un subsidio a los productores de leche pasteurizada y en polvo, para que estos la vendieran a precios accesibles al pueblo. Eso no motivó la productividad sino que por el contrario disminuyó la competencia. Para el año 1.994 esta industria ganaba dinero trabajando sólo al 60% de su capacidad instalada y entre tres productores se repartieron el mercado a nivel nacional, INDULAC, ILAPECA y PAICOSA. Hoy en día (2.017) no hay leche para la población y la poca que hay no cumple con la regla de precio, calidad, garantía y servicio al cliente. Para aquellos que nunca han salido de Venezuela les cuento que en muchos países no existe ese subsidio directo a quienes sean amigos del gobierno y hay libre competencia. Eso motiva que cualquier persona pueda iniciar una industria pequeña del sector y ser competitivo. En los mercados se consigue leche de vaca, cabra u oveja. Descremada, deslactosada, evaporada o completa. Pasteurizada refrigerada, sin refrigeración en envase de larga duración o en polvo. Con vitaminas y calcio añadido o natural. Leche cruda para hacer cuajada o queso. Hay tantas marcas en diferentes presentaciones y precios que lo difícil es escoger cual comprar.

La eliminación de las garantías económicas y manipulación de la economía trajo miseria a largo plazo. El paraíso económico vivido fue producto de la moneda fuerte por el ingreso petrolero y nada tuvo que ver con las políticas económicas. Esa relación de empresarios y comerciantes con los empleados públicos generó corrupción, desabastecimiento, mediocridad y la merma del aparato productivo. La distorsión económica creada por los políticos fue de tal magnitud, que hubo un época en que una persona vendiendo perros calientes en la calle, en una esquina de Las Mercedes en Caracas, podía ganar más del doble de dinero que un ingeniero graduado en la Universidad Central de Venezuela ejerciendo el cargo de Ministro de Obras Públicas.

Esa distorsión dio pie a que los empleados públicos por vía de extorsión y corrupción nivelaran sus ingresos. Hubo comerciantes que se metieron a políticos y políticos a comerciantes. Un caso notorio fue el de Rafael Tudela Reverter, ingeniero ligado a empresas petroleras quien logró sin ser político entrar por varios años en la lista de diputados al Congreso Nacional, cargo que le otorgaba inmunidad parlamentaria y cualquier investigación sobre sus contratos o negocios con el Estado era inviable. Así como tantos otros que se iniciaron como políticos pobres y pasaron a ser comerciantes ricos, a base de concesiones, comisiones o ventas con sobre precio.

Empresarios y comerciantes honestos fueron continuamente presionados por empleados públicos ansiosos de dinero. Escuché a varios productores afirmar; "Yo no pienso dar ni un sólo Bolívar en soborno", para años más tarde escucharlos decir "Si no les doy dinero me quiebran".

Luego de haberse conformado en el país una red de corrupción y deshonestidad para sacar permisos, importar bienes, registrar empresas contratistas del Estado y trabajar como empresario o comerciante, llegó Hugo Chávez al poder. Tal vez ganó las elecciones por cansancio del pueblo a tanta mediocridad administrativa, pero lamentablemente el remedio fue peor que la enfermedad y este fue más corrupto e inepto que todos los anteriores.

Durante el período de Hugo Chávez producir bienes o servicios dejó de ser lucrativo. Con el control de cambios y el Bolívar oficial a precio irrisorio, hizo que el nuevo negocio para todos los allegados al gobierno fuera financiero. El asunto estaba en conseguir Dólares preferenciales para multiplicarlos de la noche a la mañana. Si obtenías diez mil Dólares a la tasa oficial de 4,30 Bolívares por Dólar invertirías Bs. 43.000 y al venderlos en el mercado negro a 50 Bolívares por Dólar obtendrías Bs. 500.000,00. Una ganancia de Bs. 457.000,00 sin trabajar ni producir bienes o servicios. Luego con lo ganado pedías de nuevo Dólares en mayor cuantía. Ahora con 500.000 Bs. podías comprar US$ 116.279,07 Dólares y convertirlos en Bs. 5.813.953,50 para comprar de nuevo Dólares preferenciales a 4,30, pero esta vez comprabas US$ 1.352.082,21 y así sucesivamente. Los llamados enchufados o allegados al gobierno se hicieron millonarios en poco tiempo. De ser pobres pasaron a tener fortunas de cientos de millones de Dólares. Sólo en la Florida hay varios de esos que tienen criaderos de caballos pura sangre, aviones, mansiones, yates y dicen ser empresarios del proceso revolucionario venezolano. Todos esos ladrones de cuello blanco se hicieron millonarios a costas de la pobreza colectiva Venezolana. Según publicación del Nuevo Herald de Miami esos venezolanos (ladrones de cuello blanco) tienen TRESCIENTOS CINCUENTA MIL MILLONES DE DOLARES (US$ 350.000.000.000) depositados en cuentas bancarias del extranjero sin poder justificar su procedencia. Compran carros de cientos de miles de Dólares como Ferrari, Porche, Maserati, Mercedes Benz, Rolls Royce y hace pocos años no tenían carro en Venezuela. Me he topado con dueños de aviones cuyo valor excede los 25 millones de Dólares. Hubo uno que hizo una fiesta en Texas para celebrar los 15 años de su hija con orquestas latinas, animales salvajes y espectáculos diversos para animar a todos sus invitados, quienes fueron transportados por el anfitrión en aviones privados desde Venezuela. Muchos de ellos vivían en barrios pobres antes que llegara Chávez al poder. Ahora no trabajan y despilfarran el dinero producto de la revolución. Para que tengan una idea de la PORQUERIA que puso Chávez, ese dinero robado y regalado es equivalente a ocho años del presupuesto nacional.

Lamentablemente y aparte de regalar el dinero del pueblo a sus allegados, Chávez también quitó a sus opositores políticos un buen número de fábricas e industrias por vía de expropiación. El aparato productivo venezolano quedó mermado y el dinero de todos los venezolanos que Hugo Chávez regaló, está siendo derrochado por corruptos en el mundo entero.

Buhoneros, bachaqueros y traficantes del poder son en la Venezuela de hoy los únicos nuevos comerciantes que se asoman en el ruedo.

Mis respetos y admiración a todos aquellos comerciantes y empresarios honestos que siguen sobreviviendo en Venezuela, ya que de ellos depende en gran medida la recuperación del país.

Volviendo a la frase de **Ayn Rand**,

"Cuando adviertas que para producir necesitas obtener autorización de quienes no producen nada, cuando compruebes que el dinero fluye hacia quienes trafican no bienes, sino favores. Cuando percibas que muchos se hacen ricos

por el soborno y por influencias más que por el trabajo, y que las leyes no te protegen contra ellos, sino que por el contrario son ellos los que están protegidos contra ti. Cuando veas que la corrupción es recompensada y la honradez se convierte en un autosacrificio, entonces podrás afirmar sin temor a equivocarte, que tu sociedad está condenada."

CIUDADANO COMÚN

El venezolano es una mezcla de muchas cosas y no hay una cultura que lo defina. Al final somos latinos influenciados por culturas extranjeras sin identidad propia. Dicen que el venezolano es más arrogante que el Argentino, más borracho que el Mexicano, más jodedor que el Dominicano, más flojo que el Español, más desordenado que el Italiano y tan elegante como el francés, pero sin oler mal. El venezolano es individualista, soberbio, ignorante y cree que su país es el mejor del mundo. Y eso, como decimos en criollo es hablar paja porque el venezolano no conoce mundo. Su mundo está limitado a la casa, familia, amigos y lugares que transita. El venezolano común, honesto, trabajador y educado de clase media cree ser un reflejo de país, pero es tan individualista que aún no entiende ser minoría en un país lleno de gente ignorante y pobre.

Cada vez que escucho en USA a un oriundo de mi tierra decir "Venezuela es el mejor país del mundo" le doy tres lecturas, 1- No conoce mundo, 2- Viene de clase económica media o alta y 3- Está recién llegado. Luego de unos años a ese mismo individuo muy probablemente lo oirás decir "Ni de vaina regreso a Venezuela."

Los venezolanos somos (al ojo por ciento porque en Venezuela no hay cifras confiables) una nación formada de inmigrantes. Españoles, italianos, portugueses, colombianos, cubanos, ecuatorianos, peruanos, trinitarios, chilenos, peruanos, argentinos, alemanes, judíos, palestinos, libaneses, árabes, sirios, chinos y bolivianos son sólo algunas de las grandes minorías en Venezuela. La población venezolana en el siglo XVII era de 370.000 habitantes, de los cuales 280.000 eran indios representando el 76% de la población. Cien años más tarde, en el siglo XVIII habían menos indios que el siglo anterior, (149.593, un 18.40%) y se incrementó la población a 813.000 habitantes. El primer censo del país realizado en el año 1.873 registró 1.784.194 personas. Luego, entre los años 1.926 y 1.971 ingresaron legalmente a Venezuela 1.515.841 inmigrantes. En el censo de 1.971 se contó una población de 10.721.522 personas. Hoy en día, el gobierno hace creer que en Venezuela viven 30.851.343 de habitantes, lo cual no sabemos a ciencia cierta ya que los organismos del Estado han demostrado ser ineptos hasta para entregar un pasaporte y han ingresado al país durante los mandatos de Chávez y Maduro un gran número de personas provenientes de Cuba, Siria, China e Irán sin registro público confiable.

En mi caso particular, mis tatarabuelos, bisabuelos, abuelos y padres nacieron en Venezuela, pero cómo explico que mi papá habiendo nacido en Ciudad Bolívar tenga piel blanca y ojos azules, mi mamá habiendo nacido en Margarita sea rubia de piel blanca. Obviamente no hay rasgos indígenas visibles en mis antepasados recientes.

El hecho es que Venezuela para mucha gente, ha sido más un hotel de paso que una nación con cultura propia, donde la música criolla suena menos que la extranjera, donde la mayoría de sus habitantes difiere de los demás y su cultura va de acuerdo a la región donde viven. Un venezolano del Caserío La Negra, en el Estado Apure es completamente diferente a uno de Mucuchíes, en el Estado Mérida y ninguno de estos se parece al personaje afro-americano de Chuspa en el Estado Vargas. Estas personas tampoco tienen parecido con el guajiro, el maracucho, el caraqueño o el habitante de Santa Elena de Uairén en el Estado Bolívar o el de la Isla de Coche en el Estado Nueva Esparta. La forma de hablar, tipo de alimentación, educación y costumbres son diferentes. El venezolano es tan diverso como su geografía y probablemente por eso no nos ponemos de acuerdo. Pareciera que las pocas cosas que tenemos en común es reírnos de nuestra propia desgracia, no tomar las cosas en serio, ser individualistas y querer vivir en una sola fiesta.

Ese Hotel de paso llamado Venezuela es para algunos un Resort de cinco estrellas y una pensión de mala muerte para otros. Algunos ven a Venezuela como el mejor lugar del mundo mientras que a otros les parece un infierno. Entre los transeúntes puedo mencionar el caso de un Iraní que vivía en Margarita. Por medio de corrupción se hizo millonario en la época de Chávez con el control cambiario (CADIVI) y cuando alguien quiso investigar la procedencia de su fortuna, planificó un supuesto secuestro y huyó del país para disfrutar el dinero en otra parte. Tanto en Margarita como en el resto del país todos pasaron la página y olvidaron el asunto. Es mejor ir a la playa a tomar cerveza o whiskey con agua de coco que afrontar los problemas en conjunto. En el país sólo castigan al pendejo y el vivo roba con absoluta impunidad. La sociedad venezolana se ha convertido en gente ladrona, negligente, cómplice e individualista. El lema es "SI YO ESTOY BIEN, ME IMPORTA UN CARAJO QUE TU ESTES MAL".

Para los que aún no tienen 40 años de edad les quiero aclarar que el venezolano era diferente. La mayoría de la población en cualquier parte del país era amable, confiada, alegre, amistosa, educada y solidaria. La vida era agradable y armoniosa. No habían muros ni rejas en las ventanas o puertas de seguridad, ni cuatro cerraduras antes de entrar a la casa. Podías salir a caminar de noche por parques y avenidas, dar serenatas, estar fuera de madrugada, hacer fiestas dejando abierta la puerta de tu casa para que los amigos y vecinos pudieran entrar sin tocar el timbre. Las fiestas y reuniones eran tan comunes que creo que de ahí salió la pregunta "Y que vamos a hacer? Todo el tiempo era buen momento para planificar paseos, parrillas, paellas, reuniones en la calle o sitios abiertos, patinatas, verbenas, exposiciones, conciertos. Era un mundo perfecto con clima tropical.

La felicidad es algo distinto para cada individuo, pero si la definiéramos como: "Todo aquello que produzca bienestar emocional a las personas", podemos decir abiertamente que los venezolanos ERAMOS FELICES. En esa época contábamos con dos de las tres cosas básicas que toda sociedad debe tener para desarrollarse, teníamos estabilidad económica y no había delincuencia. Hace treinta años en Sanare, Estado Lara, no había ocurrido en toda su historia un robo de vehículo. En el resto del país no conocíamos la devaluación o inflación extrema, el sicariato, secuestro express, escasez, falta de monedas o billetes, delincuencia extrema, obligación de ser comunistas, convivir en medio de poderosos narcotraficantes, terrorismo, extorsiones y todo lo que hoy en día es parte de la vida en Venezuela. Lo peor que ocurrió en los años sesenta fue un grupo de comunistas enviados desde Cuba por Fidel Castro, para introducir el sistema comunista en Latino América. Intentaron hacerlo a la fuerza y formaron guerrillas. Nuestras Fuerzas Armadas combatieron a los comunistas y ahí culminó el episodio. (Muchos de esos guerrilleros son ahora parte del gobierno). Además de eso, Venezuela era libre y próspera. Ahora el ciudadano común está estresado, angustiado, temeroso, ocupado tratando de resolver problemas que en otra época no existían, está frustrado, es rencoroso y su forma de ser naturalmente ha cambiado mucho. Es desconfiado, mal educado, temerario y amargado. Su vida está alejada de la felicidad porque las cosas que producen bienestar físico y emocional cada día son menores. Venezuela es hoy una sociedad enferma donde se realizan crímenes con maldad y ensañamiento extremo. No hay empatía ni compasión por el prójimo. Las esperanzas en muchos casos están perdidas. Un obrero no puede superar su calidad de vida con el ingreso que percibe, una joven pareja no puede formar una familia, un enfermo no tiene garantizado el tratamiento que requiere y así sucesivamente.

Para describir al venezolano de hoy, copio textualmente un artículo publicado por la periodista Adriana Aponte en Agosto del 2.016 que vale la pena leer.

CONMIGO NO CUENTEN – ADRIANA PONTE

PUBLICADO EL 10/09/16 POR ANA FORERO EN EL ESPACIO DE MIS AMIGOS ETIQUETAS: ASESINA-TOS, CHAVISMO, CONDOMINIO, DELINCUEN-CIA, MONTENEGRO

Por: Adriana Ponte

"Conmigo no cuenten" esa debería ser la frase de despe-dida de todas las comunicaciones del país, desde la Presiden-cia de la República hasta las Juntas de Condominio

La desidia, el pragmatismo y la banalización del mal no son patrimonio exclusivo del gobierno nacional. Los tene-mos con nosotros desde hace mucho tiempo y se han agu-dizado en el clima de desconfianza y terror que vivimos los venezolanos. Una muestra de esto lo podemos ver en la re-seña del periodista Daniel Blanco, en torno a la cobertura del asesinato de Diego Montenegro, quien falleció tras recibir un impacto de bala en la cabeza en su apartamento en Los Palos Grandes hace unas semanas. Según Blanco, tres deto-naciones fueron escuchadas por los vecinos durante la noche de su muerte pero nadie se movilizó. Apenas comentaron el asunto a través de un chat vecinal y todo el mundo se fue a dormir, mientras Montenegro se desangraba en su apartamento. Al día siguiente, su empleada lo encontró en medio de un charco de sangre.

La anécdota de Blanco tiene mucho más que decirnos de nosotros mismos: no es suficiente con hacerte el loco cuando oyes disparos en un apartamento de tu edificio, sino que cuando los medios hacen presencia en el lugar puedes dejar el silencio que hiciste la noche anterior y salir a hacer el ridículo vociferando valientemente contra ellos. Comenta Blanco que cuando la prensa llegó al edificio donde vivía Montenegro para hacer la correspondiente cobertura del asesinato, algunos vecinos salieron a espantarlos con el argumento de que eso "no era un barrio". Le pidieron a la policía que los desalojara, pero fueron ignorados. Luego aparecieron los miembros de la Junta de Condominio, quienes a gritos llamaban al resto de los vecinos instándolos a "sacar a la prensa". Como también los ignoraron, entonces intentaron atropellarlos con un vehículo. Nuestra valentía tiene muy buena impronta para el ridículo pero es mediocre con la solidaridad. Por lo visto somos valientes para amedrentar a periodistas que cumplen con su trabajo pero absolutamente desidiosos para marcar el número de la policía después de escuchar tres disparos en casa de un vecino.

Hay una casta soberbia de ciudadanos cuya vida se le va, creyendo que el mundo se acaba en la entrada a su casa. Invocan la Constitución y las leyes vigentes sólo cuando éstas no afectan su comodidad y forma de vida. Mucha de esa gente, con sus actitudes, su desprecio por el otro, su individualismo, su falta de solidaridad y sobre todo, su complejo de superioridad fue creando una legión de resentidos que veían en cualquier persona de la clase media o alta a un enemigo: son quienes les niegan el saludo a un trabajador humilde que va a su casa, son los que le dan agua en vaso plástico "porque los vasos de vidrios son de nosotros", los que humillaron a personas por ser de una categoría que ellos crearon en sus mentes: "negros", "pobres", "niches", "pata en el suelo", etc. Muchos de ellos, son la generación que crió a la gente de mi generación que nos creemos merecedores de un país que jamás construimos, los que cimentamos una fuerte militancia en torno a la antipolítica, los arrogantes que tenemos como auto referencia para todo en la vida al "país de las mujeres bellas", el Salto Ángel y las reservas de petróleo más grandes del mundo; los que queremos que apliquen la ley para joder al otro y no con un sentido de la justicia, los que sobornamos fiscales o policías y lo contamos como un logro mientras nos tomamos un whisky 18 años, los que a pesar de tener como referente paradisiaco a Miami, nos creemos que Caracas y sus sectores clase media son "el modelo" tanto para los barrios de la ciudad como para toda Venezuela y – por qué no, somos muy arrechos- para el mundo. Caracas es Caracas y lo demás es monte y culebra, incluyendo los cuásares, estrellas, planetas, nebulosas, agujeros negros y todo lo demás que exista.

Somos los reyes y señores de la auto referencia, como si nuestra pequeña Venecia fuese el ombligo del universo. Como comentó un apreciado amigo en estos días en su muro de Facebook, hay un "venezolanómetro" que identifica en cada hecho que acontece en el mundo, una referencia a lo nuestro: "si Trump es peligroso, se parece a Chávez; si Peña Nieto es inepto, es como Maduro; si las playas de República Dominicana son azulitas, se parecen a Los Roques; si un país tiene mujeres bellas, jamás son como las nuestras; si destituyen a Dilma, piensan que ahora vamos por Maduro". Nada existe si no está girando en torno a nosotros.

Y a pesar de toda esa grandilocuencia, construimos un concepto minúsculo del país, que es mediocre e inviable. Por esa vía llegamos hasta aquí. Al chavismo no sólo lo mantiene quienes creen y votan por ese proyecto a pesar de todo, sino los que creamos un ensayo de clase política, malcriada y necia que hoy dicen: "conmigo no cuenten si se acuerda el referendo revocatorio para el 2017". Porque las apetencias y los proyectos personales de acceso al poder siempre estarán por encima del país.

"Conmigo no cuenten" esa debería ser la frase de despedida de todas las comunicaciones del país, desde la Presidencia de la República hasta las Juntas de Condominio.

SOLUCIONES DE ACUERDO AL MÉTODO CIENTÍFICO

Siguiendo el método que nos enseñaron en bachillerato (problema, hipótesis, experimento y conclusión), tenemos que:

1 PROBLEMA: En Venezuela hay problemas evidentes. Pobreza, inestabilidad de la moneda, falta de productividad, desempleo, inflación, fuga de capitales, desequilibrio fiscal, caída del producto interno bruto, falta de tecnología, carencia general de servicios básicos como son salud, vivienda, educación, alimentación, transporte, electricidad, telecomunicaciones y esparcimiento. Falta de planificación urbana, hacinamiento habitacional, delincuencia, hacinamiento carcelario, injusticia y carencia de los medios para impartirla, corrupción, prostitución, drogas, insalubridad pública, falta de patriotismo e identificación nacionalista, existencia de mafias, mala administración gubernamental, desunión de la población, segregación de clases, excesiva inherencia cubana, china e iraní. Escasez de alimentos, maquinaria, materia prima, repuestos y equipos a nivel general. Proliferación de enfermedades físicas y mentales, descomposición social, educación académica deficiente y fuga de profesionales calificados.

2 HIPOTESIS: Hipotéticamente conocemos el origen. Educación no basada en la virtud. Pensar que ser "vivo" es tomar ventaja de los demás. Utilizar el poder para pisar, vejar, robar, arruinar y quitarnos del camino a todo aquel que nos perturba. Permitir que los niños de Venezuela, quienes también son nuestros hijos crezcan en la miseria, sean vejados, manipulados y adoctrinados políticamente. Tener una educación primaria, media y universitaria no enfocada en

descubrir las habilidades naturales de cada quien para ayudarlo a desarrollarlas. No tener cultura ciudadana. Ser complacientes con la corrupción. Ejercer funciones para lo cual no se tiene preparación. Promover desde el gobierno la devaluación de la moneda, inflación y falta de control administrativo. Abuso de poder e individualismo. Falta de continuidad administrativa en proyectos e inversiones productivas. No existe la separación de poderes. Tener Diputados electos por lista sin representación popular directa. Excesiva burocracia. Carencia de justicia e impunidad con la delincuencia.

3 EXPERIMENTO: Antes de proponer el experimento que conlleve a solucionar el problema debo comentar los seis aportes básicos requeridos por todo gobierno y sociedad en un país civilizado y desarrollado.

COMENTARIOS PARA EL EXPERIMENTO

Aportes del Estado y Aportes de la Sociedad.

Antes de analizar las posibles soluciones al problema llamado "venezolanos" tenemos que entender algo. Los países desarrollados tienen seis cosas en común que los hace diferentes a los países sub-desarrollados como el nuestro, de las cuales tres cosas son aportadas por empleados públicos y tres por conocimientos de la sociedad .

El gobierno de un país desarrollado garantiza tres cosas:

1 Garantía Jurídica: entendiendo como tal un sistema judicial eficiente para que cada ciudadano, sin distingo de raza, credo o afiliación política pueda exigir sus derechos o le sea resarcido un daño causado. Eso no existe en Venezuela.

2 Garantía Económica: Una economía relativamente estable que mantenga el valor del dinero. Una moneda con respaldo que sea aceptada y bienvenida en todos los países del mundo. Que nos permita ahorrar sin temor a devaluación o inflación y que mantenga el valor por cierto tiempo, de forma que podamos planificar nuestros ahorros nuestras inversiones y nuestro futuro. Eso no existe en Venezuela.

3 Garantía Social: El hecho de que los habitantes tengan la posibilidad de desenvolverse en una sociedad sin temor a ser secuestrados, robados o asesinados por portar una cadena de oro, una moto o un teléfono celular. Eso no existe en Venezuela.

En la Venezuela bonita de los años 60 y 70 existían dos de esas garantías, la económica y la social. Aunque no había justicia existía poca delincuencia y el país avanzó bastante pero la corrupción, el abuso de poder y demás injusticias hicieron que las dos garantías logradas se desvanecieran. Es lógico que un país no se desarrolle si no tiene las tres. De haber habido justicia en Venezuela hoy probablemente seríamos un país desarrollado.

Si hay JUSTICIA no hay DELINCUENCIA, pero sin estabilidad económica hay devaluación, inflación y pobreza. Lógicamente nadie invierte.

Si hay ESTABILIDAD ECONOMICA con DELIN-CUENCIA es porque no hay JUSTICIA. Proliferan secuestros, asesinatos, expropiaciones, estafas, impunidad, etc. Eso aleja la inversión.

Si hay JUSTICIA, bajo índice de DELINCUENCIA y MONEDA ESTABLE la sociedad avanza por sí sola.

Lo óptimo es tener JUSTICIA, ESTABILIDAD ECONOMICA y CERO DELINCUENCIA. (Lograr eso es el trabajo del gobierno.)

En relación al aporte de los ciudadanos de países desarrollados, hay tres conocimientos que los diferencia de nosotros:

1. PRODUCTIVIDAD: La mayoría de la población sabe que los países se hacen ricos a base de trabajo, produciendo bienes o servicios. No basta con tener recursos, hay que explotarlos. Cuando los ciudadanos trabajan para obtener sus frutos sin esperar que el gobierno se los regale, valoran y cuidan las cosas. Produce más el que siembra papas al que coloca un sello en el Ministerio de Educación. De

autor anónimo recibí el siguiente relato por Internet. "Un sujeto observó mi Corvette y dijo: Me pregunto a cuántas personas podrías haber alimentado con el dinero que costó este auto deportivo. Le respondí que no estaba seguro, porque mi auto deportivo ya había alimentado a muchísimas familias en Bowling Green, Kentucky donde fue construido. Le dio de comer a las personas que hicieron las llantas, le dio de comer a las personas que hicieron los componentes para armarlo, le dio de comer a las personas de la mina de cobre que extrajeron el cobre para sus cables, le dio de comer también a gente de Decatur, IL en la empresa Caterpillar, quienes hacen los camiones que transportan las piedras y lingotes de cobre. Le dio de comer a todos los que trabajan en las fábricas que construyen sus partes, a los choferes que lo llevaron de la planta a la agencia y a sus familias. PERO... Debo admitir, que no sé a cuántas personas llegó a alimentar." Esa es la diferencia entre la mentalidad capitalista y la del asistencialismo (Populismo). Cuando compras algo, tú pones dinero en los bolsillos de la gente y dignificas su trabajo y sus habilidades. En cambio cuando le das algo a alguien por nada, les robas su dignidad y su auto valoración. El capitalismo es darle libremente tu dinero a alguien a cambio de cosas de valor. Socialismo es tomar dinero de otros contra su voluntad y asignar a la fuerza los productos que todos deben adquirir. En los países ricos hay más dinero para ayuda social, la diferencia está en darle el dinero a quien realmente lo necesita y no al flojo que no quiere trabajar o al vivo que se lo quiera agarrar.

2. LEYES: En países desarrollados la gente sabe de leyes. Conocen sus derechos y deberes. Saben que pagar impuestos es una obligación como también tienen el derecho de demandar al Estado cuando un servicio público es deficiente. Si son detenidos o interrogados por un policía, tanto el

oficial como el ciudadano conocen sus derechos, límites y obligaciones. Ambos saben que de no estar de acuerdo con el procedimiento pueden ir a un tribunal y dirimir el asunto en una corte. Las leyes que rigen una sociedad son la base del entendimiento y la convivencia de sus ciudadanos. Si no conocemos las reglas del juego, no sabremos jugarlo.

3. ECONOMÍA: En las sociedades desarrolladas la gente sabe de economía. No es factible engañar fácilmente a la población. Los gobiernos no pueden imprimir dinero, endeudarse, generar bonos o cometer grandes errores económicos sin perder el apoyo popular. Todos conocen las causas y efectos de la inflación, el equilibrio entre la producción de bienes y servicios con la liquidez monetaria. La relación precio calidad o servicio. Saben de competencia y tienen que esmerarse continuamente para mantenerse en el mercado bien sea productivo, comercial o laboral.

Si no sabemos de Leyes el gobierno nos manipula. Sin conocimiento de Economía el gobierno nos roba y sin conocimientos de Productividad no hay competencia ni relación precio calidad.

Analicemos esas seis cosas en Venezuela:

Las que aportan los empleados públicos con su trabajo:

4. NO HAY GARANTÍA JURÏDICA: Es un hecho público y notorio que no existe justicia en Venezuela. Los policías, la fiscalía y los tribunales no tienen capacidad contra el hampa. Tenemos como ejemplo el modo de vida lujosa que se dan los familiares y allegados de Hugo Chávez, antes gente de clase media baja de Barinas, ahora ricos sin ser investigados. Las camionetas de sesenta

mil Dólares que utilizan los militares con un sueldo de veinte Dólares al mes. Los presos políticos. El poder de las mafias carcelarias y los llamados "Pranes", uno de ellos por cierto apodado "El Conejo" fue asesinado saliendo de una discoteca en Margarita cuando se suponía que estaba preso y por ello los demás reos manifestaron frente a la Guardia Nacional disparando al aire con armas largas un gran número de municiones. Ese espectáculo lo dieron desde la "Cárcel de Villa Rosa". Los empleados públicos permiten que los delincuentes se armen, pero no dejan a los ciudadanos comunes hacerlo para defenderse de la delincuencia. Retardo Judicial y politización de la justicia.

5. **NO HAY GARANTÍA ECONÓMICA:** Es otro hecho público y notorio la devaluación de la moneda, inflación, falta de información por parte del Banco Central de Venezuela y el Bolívar sin respaldo ni credibilidad. En relación a este último aspecto, el billete que reza "Pagaderos al Portador en la oficinas del Banco Central de Venezuela" no tiene confiabilidad alguna, cuando el presidente de la República pasando por encima de todas las leyes dice "El billete de cien Bolívares no será reconocido a partir del día dos de Enero del 2.017". En un país serio la moneda no pierde su valor, es siempre canjeable y el Presidente no está por encima del Congreso, Asamblea ni Banco Central.

6. **NO HAY GARANTÍA SOCIAL:** Venezuela para el año 2.016 es el segundo país más violento del mundo con una tasa de 93 fallecidos por cada 100.000 habitantes. Secuestros, asesinatos por encargo, robo, hurto, fraude, estafa, tráfico de drogas, corrupción y lavado de dinero son tan comunes que pasaron a ser parte de la vida cotidiana del venezolano. Un promedio de 28.000 muertes

violentas por año, 76.7. al día o 3.1 muertos cada hora en todo el territorio nacional, hacen del país un infierno.

Lo que no aporta la sociedad con su conocimiento:

1. EN VENEZUELA NO HAY CONOCIMIENTOS DE PRODUCTIVIDAD: Hace años un compatriota de nombre Napoleón Ordosgoiti, me dijo lo siguiente: Venezuela es tan rica que encienden de día el bombillo de los postes. Es la triste realidad, el grueso de la población no sabe cuanto cuesta producir cosas como la electricidad o gasolina, además no paga su valor y la derrocha. Cuando se nacionalizó el petróleo se hizo porque a diez Dólares el barril las empresas extranjeras ganaban mucho dinero, su costo de producción era de 4 Dólares. Ahora a 35 Dólares por barril no es suficiente para el gobierno y no saben como disminuirle el costo a la producción. He escuchado varias veces a comerciantes en Miami decir que compran zapatos baratos en China, les colocan una etiqueta que diga Nike, Adidas o Reebok y los venden en Venezuela a precio del original. "Esos indios no saben de calidad dicen". El venezolano se gasta el sueldo de un mes en un par de zapatos, un celular o ropa de marca para aparentar riqueza. En Venezuela no saben cuanto cuesta formar un médico ni la pérdida que tiene el país cuando se va. El gobierno impone un precio de venta a los productos suponiendo que el costo de producción es igual para todos los empresarios y como no es así, hace que algunos quiebren. Manipulan la economía y hacen que importar resulte más barato que producir. A todo evento el venezolano no protesta porque no sabe el daño que le están haciendo. Mientras tanto el gobierno frena la

producción del sector privado y el país se empobrece. Al final todo termina siendo propiedad del gobierno y como nada cuesta, nada duele.

2. NO HAY CONOCIMIENTO DE LEYES: Un empleado público socialista de nombre José Vielma Mora siendo director de la Oficina Nacional de Retención de Impuestos SENIAT, dijo que su mayor logro fue educar al pueblo a pagar impuestos. Ni él ni los venezolanos se dieron cuenta que cultura tributaria no es pagar impuestos sino verificar que el dinero dado al gobierno sea bien administrado. El venezolano sigue pagando impuestos y los hospitales no tienen insumos médicos, la policía no tiene equipos, el gobierno es ineficiente hasta para organizar elecciones y tanto el presidente Maduro como sus allegados viajan por el mundo derrochando Dólares. Eso no es lo que dice la ley, pero no les importa. En más de una ocasión me detuvieron en alcabalas móviles venezolanas para pedirme los papeles del carro y en más de una ocasión me dijo un Guardia Nacional o Policía "El carro va detenido y usted también". Como abogado que soy cargaba siempre en el carro la Constitución Nacional, La Ley y el Reglamento de Transito Terrestre. La sacaba y les preguntaba ¿Qué artículo te faculta para hacer eso? Generalmente el funcionario agarraba la Ley, empezaba a revisarla hasta que decían; "No la consigo ahorita, pero prosiga ciudadano". Ellos no conocen la ley y la mayoría de la población tampoco, pero para muchos no es importante conocerla porque al final de cuentas el poder es el que impera y cada quien hace lo que le da la gana.

3. NO HAY CONOCIMIENTOS DE ECONOMIA: El grueso de la población no sabe que la Unidad Tributaria es una trampa y que cada vez que el gobierno incrementa su valor genera inflación. Cuando un líder sindical o personero del

Gobierno anuncia un aumento general de sueldos y salarios, los trabajadores celebran y no preguntan de dónde saldrá el dinero. No saben si van a imprimir moneda, endeudarse o sacar los ahorros, en definitiva, no les importa si eso generará inflación, desempleo o devaluación. La ignorancia colectiva sobre economía es de tal magnitud que cuando Hugo Chávez le dijo al pueblo que le iba a quitar tres ceros a la moneda para hacerla "fuerte" se comieron el cuento. No entendieron que era una burda devaluación y aún después de muerto no lo culpan a él si no a su sucesor Maduro.

EL EXPERIMENTO

1. Criar a nuestro hijos con virtud y darles una respuesta científica a sus preguntas para nutrirlos con sabiduría.

2. Ser humildes en el poder y tratar a todos como nos gusta que seamos tratados.

3. Enseñar en la escuela las bases de las religiones más comunes del planeta para que cada persona decida libremente su fe.

4. Modificar el sistema educativo para que los alumnos descubran y desarrollen sus habilidades naturales. La excelencia está en sentir amor por lo que se hace.

5. Incluir como materia de estudio obligatorio lo relacionado a la virtud como; Valores éticos y morales, amistad. tolerancia, respeto por el prójimo. Amor por la Naturaleza y los animales. Justicia y Convivencia Social. Hacer prácticas de laboratorio.

6. Estudiar aspectos básicos de economía, leyes y productividad.

7. Respetar como gobierno las garantías jurídicas, económicas y sociales de todos los ciudadanos.

8. Permitir que la población se arme y pueda defenderse de la delincuencia.

9. Utilizar la policía política (Digepol, Disip o Sebin) y demás medios del estado para perseguir corruptos y castigar jueces, policías, ministros, militares y todo tipo de empleado público por actos de corrupción.

10. Un amigo me dice que debemos catalogar al delincuente según la cantidad de entradas que tenga a la cárcel e implementar la pena de muerte. Si tiene dos entradas por delitos comunes es porque no se regeneró en la primera y si entra por tercera vez es candidato a la pena de muerte.

11. Eliminar la escogencia de diputados al Congreso o Asamblea Nacional o Legislativa por lista.

12. Impartir educación ciudadana y elaborar una prueba de conocimientos a todo aquel que desee obtener un permiso o licencia del Estado.

13. Eliminar la burocracia e implementar normas que prohíba generarla.

14. Eliminar 6 de las siete vicepresidencias y 20 de los 32 ministerios.

15. Eliminar la Unidad Tributaria.

16. Continuar las obras productivas iniciadas por anteriores empleados públicos. Recordar que son proyectos de la nación y no de un individuo.

17. Evitar la inflación por medio del equilibrio entre la masa monetaria y la producción de bienes y servicios.

18. Dar respaldo metálico a la moneda de forma tal que cada quien pueda canjearla cuando así lo desee por un valor determinado a nivel internacional.

19. Promover la industria privada y permitir la libre exportación de manufactura venezolana y productos agrícolas tales como café y cacao.

20. No regalar el dinero de los venezolanos a países extranjeros a menos que sea por ayuda humanitaria.

21. Recuperar, mantener y fortalecer la separación de los poderes ejecutivo, legislativo y judicial. (El moral y electoral demostraron no servir y no hacen falta en una sociedad con virtud).

22. Sanear las instituciones en vez de eliminarlas para crear otra igual con distinto nombre.

23. Eliminar la Ley del Trabajo y hacer una norma sencilla en la que los trabajadores reciban su dinero completo al momento de habérselo ganado.

24. Repudiar socialmente a todo corrupto, tramposo, racista, extremista, mentiroso, delincuente, abusador de poder, terrorista o parásito vividor del pueblo.

25. Quitar a militares de cargos públicos destinados a dirigir industrias y comercios del sector civil.

26. Repudiar la mediocridad y premiar la excelencia.

CONCLUSIÓN

Debemos aceptar nuestros errores y aprender de ellos para no volver a repetirlos. Entender que la única manera de distribuir equitativamente la riqueza es teniendo una moneda fuerte y estable a la que puedan acceder todos los ciudadanos. Saber que la devaluación de la moneda es equivalente al empobrecimiento masivo de la población. El deterioro de la sociedad venezolana es producto de nuestra propia ignorancia. Siete de cada diez venezolanos viven en la miseria y estamos criando niños sin conocimientos para dirigir el futuro de la Nación. Son niños tan mal educados que de adultos aún no saben utilizar el participio activo "ente" y dicen cosas como "comandanta, estudianta y cantanta".

Nuestra educación y crianza en la pobreza es un sistema multiplicador de mediocridad tal y como los líderes que hemos tenido hasta la fecha. De no tomar medidas para cambiar el rumbo, la descomposición social irá incrementando. Nuestros nietos, bisnietos y siguientes generaciones tendrán algo peor de lo que vivimos hoy, producto de nuestra propia negligencia. Esto no es asunto de ser comunista, capitalista u oportunista, es asunto de ser venezolanos y hacer un cambio para lograr un mejor futuro. Luego de modificar nuestra educación, estabilizar la economía, obtener justicia y acabar con la delincuencia, podremos entonces (ahí si) sentarnos tranquilamente a tomar una cerveza o bebida de nuestra preferencia y decir con orgullo; "SOY VENEZOLANO, estoy en mi tierra, ahora déjame descansar tranquilo porque ya hice mi parte, así que con mi trago no te metas."

Aprovecho la publicación de esta obra para incluir algunos escritos publicados originalmente por el Diario El Universal de Venezuela, los cuales a pesar del tiempo mantienen su vigencia. Espero con esto haber contribuido con mis hermanos venezolanos, por aquello que dicen "escribe que algo queda". Aunque decir la verdad al gobierno es como meterse en problema de parejas, el que sale mal es uno.

NOTA: A la fecha de impresión de este libro el Bolívar en el mercado paralelo había disminuido su valor a Bs. 4.500,00 por US$ y la Unidad Tributaria fue aumentada en un 69%, de Bs. 177,00 a Bs. 300,00 por UT. Mayor inflación y empobrecimiento para el pueblo.

Copio frases encontradas en Internet por autores anónimos;

Siempre hay algo más. Pensé que no había peor presidente que Carlos Andrés Pérez y llegó Hugo Chávez. Luego creí que no podía haber algo peor a Chávez y llegó Maduro.

Una vez pensé que con el Socialismo del Siglo XXI todo se podría. …. Y tuve razón, todo se pudrió.

Estar agradecido por el CLAP de La Patria es como estar agradecido con alguien que te dio una golpiza, para luego mandarte medicinas al hospital queriendo que sobrevivas para volverte a pegar.

¿Para qué era que queríamos Patria?

¿No querías cambio? Ahora aguanta calladito.

Yo puedo hablar millonas de estupideces.

No es darle donde les duela, es darle donde les gusta… Para que cuando no les des, les duela.

Si ser rico es malo, los enchufados son todos unos diablos.

El gallo será muy gallo, pero la gallina es la de los huevos.

ARTÍCULOS DE PRENSA

¿Qué es la inflación?

Para explicarlo más fácil voy a poner un ejemplo. Imaginen una comunidad que nace de cero, sin dinero para comprar productos o servicios entre si. Lo primero que hacen es intercambiar cosas. Pepe cultiva papas y Paco tomates, el primero cambiará papas por tomates y viceversa. Inevitablemente llegará el momento en que uno de los dos no necesitará o querrá el producto del otro. Si Pepe quiere tomates pero Paco no quiere papas, no pueden hacer el trueque porque Paco no aceptará mas papas como medio de pago. Es entonces cuando tienen que buscar otro mecanismo de pago distinto al trueque e inventan su propia moneda. Ahora, ¿Qué valor le dan a esa moneda? Para darle un valor a la moneda, se reúnen los habitantes del pueblo y deciden que el oro es un material que todos aceptarían como forma de pago. En vista de que cada quien tiene oro en diferentes presentaciones, (cadenas, pulseras, barras etc.) y es un metal intercambiable con otras comunidades, deciden entonces colocar todos su oro en un lugar común llamado Banco y fabricar monedas y billetes con un valor similar al oro que cada quien depositó. Cada billete que impriman debe tener la siguiente leyenda, "Pagaderos al Portador en las Oficinas del Banco", para cuando algún portador no quiera más el billete y prefiera tener oro se lo cambien de nuevo. Cada vez que alguien de la comunidad venda productos a otras comunidades y le paguen con oro, puede ir al banco a canjearlo por nuevos billetes. El banco sólo puede imprimir billetes cada vez que incremente la cantidad de oro. Por otro lado, si alguien retira su oro y entrega billetes, el Banco debe sacarlos de circulación. De esta forma hay un equilibrio entre la producción de bienes y servicios con la cantidad de dinero que circula en la comunidad. Ahí no hay inflación, el dinero mantiene su valor y fluctúa solo respecto al valor del oro en el mercado internacional. Hay otro componente que incrementa la cantidad dinero sin imprimirlo. Es un aumento contable que viene dado por los préstamos bancarios. Ese incremento crediticio es controlable y debe darse de acuerdo al crecimiento de la producción de bienes y servicios.

Ahora, que pasa si el encargado del Banco comienza a fabricar billetes sin límite ni respaldo. Al principio los que fabrican el dinero se hacen millonarios porque antes que la gente de la comunidad se de cuenta y deban devaluar la moneda, ellos cambian lo que tienen por otras monedas del extranjero manteniendo su valor. Luego que devalúen la moneda local, traen de vuelta el dinero a la comunidad multiplicando la cantidad. Así pasó en Venezuela. Muchos compraron Dólares de los Estados Unidos a 4,30 Bolívares por Dólar y luego vendieron cada Dólar en 200,00 Bolívares. Ganaron Bs. 195,70 sin trabajar, ni producir bienes o servicios. Eso genera distorsión económica e inflación. Todos los demás ciudadanos se empobrecen porque su moneda vale menos. El Banco tiene la misma cantidad de oro pero fabricó muchas monedas generando un desequilibrio llamado inflación. (Inflaron la cantidad de monedas respecto al oro guardado). Eso sólo lo hace el gobierno. Empobrece a todos para el enriquecimiento de unos pocos.

En Venezuela, el dictador Marcos Pérez Jiménez respetó la ley y no fabricó mas dinero del permitido por las reservas del Banco. En esa época no había inflación. Un Bolívar era equivalente a 0.29 gramos de oro. Luego de su salida en el año 1.958 los gobiernos populistas han fabricado tanta moneda sin respaldo, que el Bolívar para el año 2.016 tiene menos valor que el papel "tualé".

Sr. Presidente, hay dos opciones

Los seres humanos podemos hacer sólo dos cosas en este mundo. Una es resolver problemas y la otra disfrutar la vida.

Mientras mejor preparados estemos para enfrentar y resolver problemas más tiempo dedicamos a disfrutar la vida. Caso contrario, si no tenemos los medios o conocimientos necesarios para solucionar, entonces pasamos más tiempo luchando, trabajando, batallando y menos disfrutando las cosas buenas. Le pongo un ejemplo; Supongamos que usted no tiene dinero, es indigente, vive en las calles y tiene hambre. Al no tener los medios para solucionar el asunto se va a un basurero, saca algo que pueda ingerir y así calma el hambre, pero la forma como lo solucionó no es la mejor y por ende puede acarrearle nuevos inconvenientes como bacterias, diarrea o malestar estomacal. Por otro lado, si se tienen los medios necesarios, resolver problemas puede convertirse en goce y disfrute de la vida. El mismo ejemplo; tiene hambre pero esta vez cuenta con el dinero necesario para resolverlo, entonces entra a un buen restaurante y come lo que le provoque a la carta con postre y bebida incluida.

Le hago esta introducción para explicar mi punto de vista: Los venezolanos que votaron por Nicolás Maduro no lo hicieron para resolverle los problemas cotidianos a su líder. A usted le dieron poder, casas, carros, yates, aviones, comidas, choferes, escoltas, cocineros, dinero y todo lo que le haga falta, no para que viva gratis y disfrute la vida, no, no fue para eso. Fue para que trabaje a tiempo completo ayudando a que TODOS los venezolanos resuelvan sus problemas y disfruten más.

Hacer colas para comprar un producto racionado y de baja calidad, vivir con un sueldo que no alcanza, tener una moneda débil y sin valor en el extranjero, no conseguir trabajo, ser despedido por cierre de empresas o contracción de la economía, cumplir muchos requisitos burocráticos para crear una empresa, ser víctima de la delincuencia, consumir sólo lo que hay y no lo que se quiere, vivir en casa ajena, carecer de atención médica, no tener servicios básicos de calidad como electricidad, agua, aseo e internet son algunos de los problemas que los venezolanos no disfrutamos y queremos resolver. Eso no lo soluciona un modelo, ni un locutor o animador de televisión. Modelar para imprimir afiches o hablar en programas de radio y televisión no fue para lo que los venezolanos lo eligieron. Esos problemas los resuelve un estadista, un administrador o un gerente que trabaje de Presidente.

Sr. Maduro, nosotros también queremos disfrutar la vida como lo hace usted.

Si yo fuera Presidente

Si yo fuera presidente dedicaría tiempo a educar funcionarios públicos hasta que entiendan que son servidores y no vividores del pueblo.

Quitaría bienes mal habidos a políticos, jueces, militares, narcotraficantes y demás corruptos, que se hicieron ricos por CADIVI y otros negocios con el gobierno. Ellos son los verdaderos delincuentes de la patria. Los primeros presos deben ser los de cuello blanco.

Eliminaría la posibilidad de que el Banco Central de Venezuela siga imprimiendo dinero a menos que el mismo esté respaldado en oro o petróleo. En todo caso el billete debe ser canjeable libremente al portador, dentro y fuera de Venezuela.

Haría entender que cultura tributaria no es dejar que el gobierno te quite el dinero como y cuando le de la gana. Cultura tributaria es hacer que el gobierno rinda cuentas de lo que hizo o dejó de hacer con el dinero de los venezolanos.

Utilizaría la policía política para perseguir funcionarios públicos corruptos e incompetentes como jueces, fiscales, defensores, directores de prisiones y ministros que negocian el poder. Hay que ordenar la casa antes de pretender ordenar al pueblo.

Colocaría en el pensum de estudios primarios materias de lógica y libertad de pensamiento. Enseñaría a los niños que los héroes no existen tal y como los describen muchos libros de historia. Los héroes se crean para inspirar un sentimiento y deben verlos como tal, una simple referencia. No como dioses de inalcanzable grandeza. Nuestros niños deben aprender que cada uno de ellos es un héroe en potencia capaz de aportar mucho a la sociedad.

Una vez tengamos un sistema de justicia eficiente, la moneda estable y muy poca delincuencia, es cuando los demás cambios que llevan la nación hacia el desarrollo comenzarán a surgir. Entre esos cambios está el surgimiento del patriotismo que hoy no existe, simplemente porque amor con hambre no dura. Patriotismo es querer la tierra y se quiere la tierra en la que se lucha o que lo vio nacer cuando esa patria brinda bienestar, oportunidades, libertad y buenos momentos. Un país cuyo pasaporte sea bienvenido en otras latitudes y se lleve con orgullo. Una patria de la no se quiera emigrar, donde estén las mejores oportunidades para nuestros hijos y nietos. Un lugar donde la familia se pueda mantener unida y celebrar junto a los amigos de toda una vida. Si yo fuera presidente enseñaría a los políticos que el patriotismo no se logra por decreto sino propiciando las condiciones necesarias para que el individuo sienta el privilegio de ser venezolano y quiera de todo corazón a la patria que me vio nacer, VENEZUELA.

Dime amigo lector, ¿qué harías tu si fueras presidente?

Propuesta del guión cinematográfico

Título, "La Obsesión del Soldado".

Erase una vez un soldado en un país primitivo pero con mucho potencial de crecimiento y desarrollo. Era un lugar donde reinaba el caos y la anarquía al que algunos catalogaron como sociedad de reyes. Donde los integrantes de cuatro poderes, cometieron cuatro crímenes sin pagar condena. Los que tenían poder vivían en el paraíso, para los demás podía ser un infierno.

El soldado venía de abajo, del infierno, de familia campesina y anhelaba acceder al poder. Comenzó a saborearlo una vez se hizo militar. Tenía prohibido entrar en política, pero al fin y al cabo como en esa nación cada quien hacia lo que le daba la gana, decidió buscar la vía fácil. Daré un golpe de Estado dijo y utilizando las armas confiadas por el Gobierno para defender la patria, mató compatriotas y derribó bienes públicos. Murió gente inocente, el soldado fracasó en el intento y fue preso por traidor. No pasó mucho tiempo hasta que el gobernante de turno le perdonara todos sus crímenes y dejara en libertad. Salió eufórico, sin dinero, conduciendo su vieja camioneta Toyota, Land Cruiser oxidada y sin aire acondicionado a recorrer el país. A donde vas? Preguntaba la gente. A buscar el poder respondía el soldado. Al poco tiempo lo alcanzó la suerte en manos de un emisario quien ofreció montones de dinero para campaña política. Atrás quedaron los viajes en bus y camioneta sincrónica sin aire acondicionado. De ahora en adelante se viaja en avión y camionetas último modelo con chofer y escolta se dijo. Por prensa, radio, vallas y televisión el soldado hizo un fiestón y ganó las elecciones obteniendo el tan ansiado poder.

Poder, poder, poder esa era su obsesión. Quería tanto el poder que no pensaba en otra cosa. Para brillar se rodeó de gente incapaz y sin carisma. Dividió y debilitó las fuerzas opositoras. Centralizo los poderes. Cambió la ley para gobernar eternamente. Se auto proclamó Comandante Supremo. Mandó hacer un uniforme nuevo y distinto a todos, que sólo él podía vestir. Supo gastar el dinero del pueblo sin control ni reproches. Ordenó fabricar un lujoso avión digno de reyes y viajó por el mundo. Aprendió que para mantener el poder en un país primitivo tan solo hay que empobrecer al pueblo, dar limosna y mentir reiteradamente. Lanzaba panes en las avenidas y decía que mas nunca habrían niños pobres abandonados en la calle. Tanto le creían los súbditos que cuando veían a los mismos niños descalzos, sucios comiendo basura en las calles de la ciudad, decían que los enemigos del soldado radicados en el Norte los habían traído.

El soldado prometió fortalecer la moneda y limpiar el río mas sucio del país donde caen las aguas negras de la ciudad. No lo hizo, por el contrario devaluó la moneda y olvidó el río. Los creyentes corrieron con la débil moneda ahora llamada fuerte, a comprar trajes de baño para nadar en las riveras del Guaire.

El pueblo enfermó de abandono y el soldado de poder. Aún grave, este último continuó su derroche. Se hospitalizó en una clínica del extranjero disponiendo aviones para que sus ayudantes, familiares y supuestos amigos le visitaran a costa del pueblo. El soldado murió dejando un país en ruinas, con una sociedad muy particular como dicen en las redes sociales. "Una clase obrera que no tiene obras, una clase media que no tiene medios y una clase alta que no tiene clase". La vida sigue y a rey muerto rey puesto. Los ayudantes sin carisma asumieron el poder siguiendo las mismas costumbres del soldado fallecido. A confesión de parte relevo de pruebas. Uno de ellos se inició confesando al pueblo; "El soldado no está muerto, el soldado regresó a mi, en forma de pajarito" y colorín colorado, este cuento se ha acabado. Fin del guión. Primera parte.

Eso es lo que hay. "Por ahora"

Cómo mejorar el barrio en tres pasos

El primer paso seria conocernos la clase media y la pobre. Aquí no es como en los países desarrollados donde al colegio público asiste el hijo del pudiente y el del obrero sin distinción de clase. No, aquí no es así, aquí estamos separados y la culpa es mutua. Yo no voy al barrio porque no tengo necesidad y pienso que me van a robar o pegar un tiro y tu no vienes a mi urbanización porque te vamos a marginar. Así como cuando vas a la playa y debes calarte los de la clase media estúpida estacionando sus 4X4 en la arena, derrochando volumen, whiskey 12 años, mujeres hermosas y un arma del calibre que sólo los duros pueden portar.

Tenemos que cambiar y podríamos empezar con una caimanera de bolas criollas o dominó, entre Altamira y La Bombilla, Motocrós contra El Cují o El Trigal contra La Isabelica. Organizar eventos donde podamos hacernos amigos. Juegos de ping pong, fútbol o una simple tertulia para empezar. Deben ir también los malandros, armados hasta los dientes para que nos defiendan de policías, funcionarios públicos o políticos infiltrados que se quieran robar el momento.

Una vez seamos panas y aceptemos que haber nacido en la pobreza o en la clase media no fue nuestra culpa, sino un hecho al azar e involuntario y que nuestro error está en no integrarnos como venezolanos independientemente del sexo, raza, credo o condición social, podemos pasar al siguiente paso.

El segundo paso, es la integración económica. Tomemos en cuenta que la mayor cantidad de empresarios en los últimos 20 años han salido de la clase baja, pero no pasan de ser buhoneros. Tienen deseos de superación y don de sacrificio pero carecen de conocimientos. Los de la clase media tenemos conocimientos pero debemos enfrentar las barreras e impuestos del gobierno para producir y eso nos quita capacidad de competencia.

Juntos podríamos montar una micro fábrica en el barrio y vender ahí, donde hay una población numerosa que requiere productos de consumo diario. Una relación ganar – ganar, porque hacemos dinero mejorando la calidad de vida a la población. Sin costos de distribución ni peaje por las decenas de permisos que exige el gobierno, sin pagar impuestos o cobrar IVA, eliminando inclusive el empaque para algunos productos detallados, podemos vender a precios bajos, ofrecer calidad y obtener un buen margen de utilidad. Piensa en una pequeña fábrica de papel tualé o pasta para una población de 20.000 habitantes. Con vender 3.000 paquetes diarios y ganarle neto 2 bolívares a cada uno ya es negocio. Además el SENIAT no va a cerrar ni la policía llevarse la mercancía porque ese no es su territorio. El asunto es trabajar juntos en sociedad. Así aprenderás en carne propia la diferencia básica entre socialismo y capitalismo. El socialista pide, el capitalista produce y verás que produciendo se vive mejor. Poco a poco el barrio pobre que ahora pide limosna podría convertirse en un centro de producción rentable de productos y servicios para su comunidad.

El tercer paso es mantenernos alejados del gobierno y la política. Podemos integrarnos y evolucionar, pero en lo que el gobierno socialista se entere que nos va bien, irá al barrio con la Guardia Nacional a pedir permisos, cobrar impuestos, regular precios y robarse la mercancía. Eso acabaría el negocio y con ello nuestra verdadera integración Barrio Adentro sin políticos ni cubanos como debe ser en Venezuela.

Hacerte rico en Venezuela

Hacerse rico en Venezuela es posible para ti, que eres un venezolano pata en el suelo o (de a pié como dice la gente fina) que trabajas 8 horas diarias para sobrevivir sin alimentación de calidad, servicio de agua, electricidad o aseo. Tu que eres tan pobre que no tienes ni dirección donde llegue el correo. Tu que vives esperando un milagro y eres mayoría en un país rico lleno de gente pobre. Es a ti a quien quiero enseñar a ser millonario para que abandones esa miseria en que te encuentras.

Necesitas tres cosas. Pero eso sí, las tres o nada, porque con dos vas a seguir siendo pobre.

Estas tres cosas que por derecho te corresponden no caen del cielo sino que debes luchar para reclamárselas al Gobierno.

Para ser rico necesitas que el gobierno cumpla tan solo tres de las tantas cosas que le ordena la constitución.

1. La primera es la GARANTIA JURIDICA: El simple hecho de que si alguien te hace daño puedas ir a un sistema de justicia que sea justo, rápido y eficiente para que te resarzan el daño causado. (Esto no existe en Venezuela, es más, si te roban una bicicleta ni siguiera te molestas en ir a la policía porque no vale la pena.)

2. El segundo requisito es la GARANTIA ECONOMICA: Tener una moneda estable que mantenga su valor en el tiempo. De forma tal que si hoy guardas un Bolívar conozcas el valor aproximado de ese Bolívar dentro de diez años y puedas entonces planificar tus ahorros, tus inver-

siones y tu futuro. (Eso tampoco existe en Venezuela). De hecho Un Bolívar Fuerte vale menos que el Bolívar de antes.

3. 3- La tercera y última cosa que necesitas es la GARANTIA SOCIAL: Básicamente poder desenvolverte en una sociedad sin temor a que te asalten o maten por robarte un par de zapatos. (Cada 60 minutos aproximadamente muere un venezolano producto de la delincuencia.)

Te lo pongo de otra manera:

En lugares donde el gobierno garantiza estas tres cosas, la gente es rica porque todos invierten su dinero en el país y reparten su riqueza con los demás. Generan empleos y motivan la economía. El sector privado construye urbanizaciones, clínicas, escuelas, fábricas, universidades y todo aquello que sea rentable. Por qué? Porque el dinero está protegido en una moneda estable.

Si alguien roba, la policía o los tribunales ayudan a recuperar la pérdida y castigan al delincuente.

En esos países también se puede disfrutar el dinero sin temor a ser atracado o asesinado.

Imagínate por un momento que en Venezuela existiera justicia y a tu rancho allá en el cerro arriba llega un abogado al que le pides que demande al gobierno por no garantizarte una vivienda digna como dice la constitución. El abogado demanda al Gobierno y al Ministro de Infra Estructura ante un tribunal justo y eficiente por no cumplir la ley. El juez decide a tu favor y sentencia que el ministro por inepto venga a vivir al rancho y tu a la casa del ministro. ESO ES JUSTICIA. Ahorita lo que hay es que muchos políticos viven en una buena casa comprada con dinero del gobierno que es en realidad de todos los venezolanos. ESO ES INJUSTICIA.

Para que veas lo pobre que te han hecho, en 1.980 un millón de Bolívares era equivalente a 232,558.14 Dólares de los Estados Unidos de Norte América. Hoy ese mismo millón de Bolívares equivale a veinte Dólares. A un millón le quitas los tres ceros como ordenó Chávez y quedan mil. Esos mil Bolívares lo divides entre 50 que es el cambio del SICAD y te da 20 Dólares. No es que las cosas estén mas costosas, es que el Bolívar vale menos que el papel tualé.

Cada pueblo tiene el gobierno que se merece y por tu apoyo, el presidente de Venezuela no es un gerente, un estadista, abogado o un economista sino un chofer de autobús.

Ni el chofer ni sus ayudantes, saben darte las garantías jurídica, económica y social que establece la constitución para sacarte de la pobreza porque ellos también tienen un rancho en la cabeza.

Son ignorantes jugando a ser gobernantes.

Deja de ser pendejo y lucha por tus derechos. No te pido que hagas justicia con tus propias manos si no que le prohíbas al Gobierno que lo siga haciendo contigo.

El día que el Bolívar sea tan estable como la moneda Suiza, el sistema de justicia tan eficiente como el de Dinamarca y la delincuencia tan baja como la de España ese rancho en el que vives pasará a ser historia. De ti depende.

Cómo fortalecer el Bolívar

No es lo mismo producir y cosechar 1.000 papas a pintar 1.000 papas en un papel y creer que existen. Eso es lo que hace el gobierno cada vez que imprime dinero. Para ello agregaron una frase al final del artículo que regula la emisión de billetes y monedas, pudiendo imprimirlos como les de la gana a través de bonos o cualquier otro instrumento que lo justifique. Hay que eliminar esa frase perversa si es que quieren realmente empezar a enderezar la economía. Es difícil entender que las cosas no suben de precio sino que el Bolívar pierde valor por culpa del gobierno, pero aún así trato de explicarlo.

La Ley ha sido reformada varias veces. Al principio el Banco sólo podía poner en circulación billetes y monedas mediante la compra de oro, divisas y operaciones de crédito especificadas en la ley, limitado a respaldar el 50% de los billetes emitidos en oro o depósitos a la vista en bancos del extranjero. Cien Bolívares eran 32 gramos de oro que podías cambiar libremente por monedas, barras de oro, letras, giros o sobre fondos depositados en otros países. Por eso en el billete puedes leer, "Pagaderos al portador en las oficinas del banco." Ley de Moneda Nacional publicada en Gaceta Oficial el 09 de julio de 1891.

Hasta el gobierno de Marcos Pérez Jiménez se respetó la ley, emitiendo sólo el dinero necesario con su respectivo respaldo controlando así la inflación. En 1.958, un millón de Bolívares compraba 298.507,46 Dólares de los Estados Unidos. Ese mismo millón son hoy 20 Dólares. Betancourt inició el desorden monetario con un incremento del 48%, siguió Leoni con 64% y Caldera en su primer período aumentó la cantidad de billetes en 161%. A eso le suman los aumentos descontrolados en los gobiernos de Carlos Andrés Pérez, Luis Herrera, Jaime Lusinchi, Rafael Caldera, Hugo Chávez y ahora Nicolás Maduro. El Bolívar de hoy representa más deuda que respaldo. El respaldo está por los 20.000 millones de Dólares y la deuda por 104.000 millones. Si divides el billete en 5 partes una quinta parte sería respaldo y 4 partes deuda. O sea que si canjeas al BCV un billete de Bs. 100 te dan una quinta parte de su valor, Bs. 25 en moneda extranjera. Lo que no hacen porque estamos en Emergencia Financiera.

Artículo 113. El Banco Central de Venezuela sólo podrá poner en circulación billetes y monedas metálicas a través de la compra de oro, divisas y la realización de las demás operaciones autorizadas por la presente Ley.

La frase perversa al final del artículo es la más amplia de todas las redactadas anteriormente; "Y la realización de las demás operaciones autorizadas por la presente Ley." Cabe decir que "las demás operaciones" son muchas.

Nicolás Maduro goza de una Ley Habilitante en materia financiera, mayoría en la Asamblea Nacional y dice querer ayudar al pueblo. Que mejor manera de hacerlo que eliminar la frase perversa para no imprimir dinero sin respaldo, disminuir la inflación, generar confianza y aumentar el ingreso real de todos los venezolanos.

José Augusto Azpúrua Gásperi ha escrito mucho sobre este asunto y su repercusión en la inflación. Espero entiendan el tema, tomen conciencia y reaccionen antes que le quiten otros tres ceros al Bolívar, ahora que nuestro billete de cien bolívares equivale a tan solo dos Dólares al cambio oficial.

Gobierno que se respete

Un gobierno que se respete garantiza a la población una economía relativamente estable que mantenga el valor del dinero. Un bolívar con respaldo que sea aceptado y bienvenido en todos los países del mundo. Que nos permita ahorrar sin temor a devaluación o inflación y que mantenga el valor por cierto tiempo, de forma tal que podamos planificar nuestros ahorros nuestras inversiones y nuestro futuro. Eso no existe en Venezuela.

Gobierno que se respete garantiza un sistema judicial justo y eficiente para que cada ciudadano, sin distingo de raza, credo o afiliación política pueda exigir sus derechos o le sea resarcido un daño causado. Eso no existe en Venezuela.

Gobierno que se respete garantiza a sus habitantes la posibilidad de desenvolverse en una sociedad sin temor a ser secuestrado, robado o asesinado por portar una cadena de oro, una moto o un teléfono celular. Eso no existe en Venezuela.

Estas tres garantías (jurídica, económica y social) son la base para el desarrollo de cualquier nación. Si una de ellas falla, la sociedad no progresa y se hace mas primitiva alejando inversiones, proyectos y gente capaz. En Venezuela, las mismas han ido desapareciendo en estos últimos doce años. Hemos tenido la mayor devaluación de nuestra historia. La más alta inflación. Se desmejoró como nunca antes el sistema de justicia e incrementó la delincuencia a niveles de guerra.

Para que este gobierno goce de mi respeto, el líder debe bajarse de esa nube y dejar de comportarse como un rey impuesto por Dios. Debe aceptar que no pertenece a la realeza y darse cuenta de que es un simple empleado público cuya obligación es servir en vez de ser servido. Sus colaboradores deben actuar como servidores públicos y no como Caballeros de la Corte. Para que este gobierno goce de mi respeto, debe primero enmendar los errores antes de querer culpar a otros, asumir sus responsabilidades administrando como un buen padre de familia y gerenciar los recursos como el mejor de los empresarios.

Para que este gobierno goce de mi respeto debe dejar de hablar de Revolución y empezar a trabajar por la evolución.

Para que este Gobierno goce de mi respeto no puede seguir amenazándome de muerte por el hecho de que no quiero ser socialista. Quiero una país libre con economía de mercado y apoyo social a los más necesitados, donde la el grito de lucha sea "Patria, democracia y libertad."

Apreciados Winkelman y Yuleisy

Compatriotas y hermanos todos, por favor no sigan creyendo en pajaritos preñados mientras viven miserablemente de la esperanza. Es suficiente con haber creído los cuentos del desarrollo endógeno, la inflación controlada y el Bolívar Fuerte. Les confieso que también creí que no podía haber algo peor a Caldera y Carlos Andrés pero fíjense, llegó Chávez y ahora Maduro.

Miren su entorno, hagan un 360 en el barrio o la ciudad y sepan que fuera de Cuba, Haití o Venezuela se vive mejor. Aunque les parezca mentira, las casas no tienen tanque de agua porque el agua no se va, es más, se puede beber del chorro. En Aruba por ejemplo la sacan del mar, desalinizan, potabilizan y están orgullosos de llevar a la población el agua mas pura del mundo. En otras partes no falla la electricidad, por el contrario, piden a la gente consumir para vender más. Las carreteras no tienen huecos. Las calles son limpias. En Weston, Florida no hay muros ni rejas en las casas porque no roban. En Noruega convierten la basura en combustible e importan basura cuando no hay. En Holanda este año cerraron varias cárceles por falta de presos. Hay personal responsable de cada calle, autopista, playa, parque, plaza o espacio público para limpieza y mantenimiento.

Las escuelas públicas son mejores que las privadas. No te rías Winkelman que es en serio. De panita y todo te lo digo. Mira, los mercados de comida tienen tanta variedad que el problema es decidir que comprar. Hay leche pasteurizada con vitamina D añadida o no, con más o menos calcio, descremada, sin grasa o con algo de grasa, con o sin lactosa, en galón o en cuarto, en empaque de larga duración o refrigerado, natural para hacer queso u orgánica si la prefieres.

Hay leche de soya, arroz o almendra para vegetarianos, también con canela o en polvo. Para niños hay todas las combinaciones de fórmulas lácteas que puedas imaginar. Igual pasa con los demás productos, tu escoges lo que te gusta. Los mercados abren hasta tarde en la noche, el estacionamiento es amplio y gratis donde siempre consigues puesto. El carrito de hacer mercado lo puedes sacar y llevar hasta tu carro para que no cargues las bolsas. Luego un empleado lo recoge y lleva de vuelta al local. La gente hace compras a las once de la noche sin miedo al hampa.

Suena como un imposible o cuento de hadas para los que nunca han salido de Venezuela. El punto es que deben aspirar a vivir mejor en vez de conformarse con lo que hay. Antes de volver a votar por la gente que hoy gobierna hagan lo siguiente. Las mujeres vayan a la mata que abonan mensualmente con los residuos menstruales que sacan al lavar la toalla sanitaria socialista, como les recomendó el gobierno. Si la planta está frondosa voten por ellos, si no, era mentira, no los apoyen. Caminen por las calles de cualquier ciudad o poblado en Venezuela, si no ven niños pobres trabajando o viviendo en la calle, voten por ellos, caso contrario no lo hagan, era falso lo de Chávez de cambiarse el nombre y dejar el poder de seguir habiendo niños pobres en Venezuela. Otra forma para los que viven en la ciudad capital es meditar a las orillas del Rio Guaire. Si el agua está limpia y cristalina como dijeron los socialistas del siglo XXI que la iban a dejar voten por ellos , si no es así, no sólo no voten por ellos sino que deben mandarlos a bañarse en el río y que se coman lo que ahí pesquen.

Rafael J Falcón

www.ingramcontent.com/pod-product-compliance
Lightning Source LLC
Chambersburg PA
CBHW031124250726
48655CB00002B/504